Die Geschichte

von

Verlag und Druckerei

Friedrich Bischoff

1932-1992

Die Geschichte
von
Verlag und Druckerei
Friedrich Bischoff
1932-1992

zusammengestellt aus der Magisterarbeit
„Buchdruckerei und Verlag F. Bischoff von 1932 bis 1987"
mit Genehmigung

von **Thorsten Rebohl,**

und Beiträgen von:

Ernst Bischoff *von 1972 bis 2013 zuletzt Leiter der EDV Abteilung*

Jörg Idler *von 1975 heute Leiter der AV Dienste*

Otto Schulz *von 1973 bis 1991 zuletzt Leiter der Buchhaltung*

Wolfgang Weiler *von 1951 bis 1994 zuletzt Leiter*
der Vertriebsabteilung

Dr. Hagen Wend *von 1990-1996 Geschäftsführer*

Hellmut Wernher *von 1973 bis1997 zuletzt Chefredakteur*

Recherchiert und ergänzt aus persönlichem Erleben mit
Friedrich Bischoff *durch* **Fritz Idler** *von 1955 bis 1992*

Impressum.

Fritz Idler: Die Geschichte von Verlag und Druckerei Friedrich Bischoff.

1.Auflage

ISBN: 978-3-7504-2380-0

Dieses Buch widmen wir gemeinsam

Friedrich Bischoff

von vielen **Onkel Fritz** genannt

Den ehrenamtlichen **Verlagsbeauftragten** für ihre Mitarbeit im
Dienste des Verlags sowie den vielen Geschwistern
in den Gemeinden.

Ebenso den **externen Mitarbeitern**, die einen Großteil
ihrer Freizeit für den Verlag einsetzten.

Inhaltsverzeichnis

Vorwort — 12

Friedrich Bischoff — 14

Der Beginn — 16

Information in Sachen Bischoff – Troll — 19

Die Hausdruckerei — 22

Der „ Deutsche Buchverlag " 1932 - 33 — 30

Lohnaufträge und die Entstehung der Zeitschrift „Unsere Familie" — 32

Der erste Hauptschriftleiter der Zeitschrift „Unsere Familie"

Johannes Heinrich Braach — 34

„Unsere Familie" — 41

Die Jahre bis zur kriegsbedingten Produktionseinstellung 1941 — 45

Ein Bericht aus der Zeitschrift „Unsere Familie vom 5. Februar 1935 — 47

„Gebet eines Buchdrucker" — 60

Ein neuer Redakteur — 61

Niemand wollte an die Katastrophe glauben — 69

Die Anfangsjahre nach dem Krieg — 73

Die Entwicklungen nach 1951 — 80

Die ersten Neuerscheinungen im Buch- und Zeitschriftenverlag nach 1954 — 85

Friedrich Bischoff sorgt für die Blinden — 90

Auch Helfer in der Not — 95

Fremdsprachigen Produktionen nach 1959 — 97

Neue Technik in der Buchhaltung — 100

Neue Schwerpunkte nach 1975 — 108

1982, Umzug, Einweihung und betriebswirtschaftliche Veränderungen — 114

Herzlich Willkommen — 122

Verlag und Druckerei getrennt — 125

Die Jahre bis 1987 — 127

Nachdruck der Bibel — 131

Die Abteilung „Neue Medien" — 133

Verlag und Druckerei gehen in den Besitz der Neuapostolischen Kirche. — 143

Lagebericht von Verlag und Druckerei 1987 — 147/148

Zeitschrift „Unsere Familie" offizielles Organ
der Neuapostolischen Kirche   149
Die Technik und Räume der Druckerei und des Verlages   151
Die Technik im Wandel der Zeit   156
Er war für alle da   161
Mit Wort und Schrift dem Herrn gedient   165
Erkenntnisstand richtungsweisend   170
57 Jahre als Amtsträger gedient   173
Ruhesetzung Bezirksapostel Friedrich Bischoff am 18. November
1984 durch Stammapostel Hans Urwyler   176
Auszug aus dem Trauergottesdienst für Friedrich Bischoff am
18. Dezember 1987 gehalten von Stammapostelhelfer Richard Fehr   178
Unter neuer Führung   183
Das Resümee   185
Bild und Literaturverzeichnis   187

Vorwort

von Fritz Idler

Die Geschichte der Firmen Druckerei und Verlag Friedrich Bischoff habe ich auf mehrfachen Wunsch von Mitarbeitern dieses Hauses erstellt.

Die neuapostolische Literatur hat eine lange Geschichte. Sie reicht zurück in die Anfänge der apostolischen Kirche neuer Zeit und hat die Entwicklung der Neuapostolischen Kirche bis in die heutigen Tage begleitet.

Diese Tatsache bedeutet nicht, dass alle Entwicklungsstufen, Verhältnisse und Begebenheiten festgehalten wurden. Im Gegenteil, hier klaffen erhebliche Lücken. Man war froh in den Gemeinden, man freute sich im Kreis der Geschwister, wenn man das tägliche Brot hatte, mit dem man wirken und schaffen konnte. Aufzeichnen, was geschehen war, kümmerte niemand. Für wen auch. Es ging ja vorwärts, aufwärts und wenn Rückschläge kamen, dann scheute man sich erst recht, sie aufzuschreiben, um es den Nachkommen zu überliefern.

Nun habe ich manches aus der Vergangenheit. ausgegraben um es für die Zukunft zu bewahren. Es dient vielleicht dazu manche Vorurteile zu beseitigen oder Missverständnisse aufzuklären.

Dabei war mir die Magisterarbeit von Thorsten Rebohl „Buchdruckerei und Verlag Friedrich Bischoff von 1932 bis 1987" eine große Hilfe.

Die zusätzlichen Fakten und Daten habe ich aus mir vorliegenden Aufzeichnungen und Briefen von Friedrich Bischoff, sowie Erinnerungen von Ernst Bischoff, Otto Schulz, Wolfgang Weiler, Hagen Wend, Hellmut Wernher, und meinem Sohn Jörg vervollständigt.

Diese Firmenaufzeichnungen wurden nach meinem besten Wissen ohne Anspruch auf Vollständigkeit gemacht. Auch verlaufen nicht alle Berichte chronologisch da diese von verschiedenen Berichterstattern geschrieben wurden. Es konnten auch Wiederholungen nicht vermieden werden. Manche Texte bestehen aus reinen Fakten, andere wurden als Erzählungen geschrieben. Es ist also eine Zusammenfassung von Daten und Erlebtem.

Friedrich Bischoff

Friedrich Bischoff wurde am 31.03.1909 in Frankfurt am Main geboren. Nach seiner Schulausbildung mit Abiturabschluss am Liebiggymnasium verbrachte er seine Volontärzeit bei den ADLER-Werken, die damals Autos und Flugmotoren herstellten. Ein von ihm erstelltes Werkstück aus dieser Zeit stand bis zuletzt auf seinem Schreibtisch. Anschließend erlernte er das Druckerhandwerk bei der „Buch- und Kunstdruckerei Paul Giese" in Offenbach am Main. Ein zur Führung einer eigenen Firma benötigtes Wissen erwarb er durch Abendkurse.

Ab 01.01.1929 war er Geschäftsführer der Hausdruckerei der „Vereinigten Neuapostolischen Gemeinden", später „Verlag und Druckerei Friedrich Bischoff", die er bis zu seinem Tod geführt hat.

Sein ganzes Leben war von einem felsenfesten Glauben geprägt. Seine Person stand immer im Dienst der Neuapostolischen Kirche. Seine Firmen hat er als Verbreiter des geschriebenen und gedruckten

neuapostolischen Glaubensgutes gesehen, um trotz des verhältnismäßig kleinen Abnehmerkreises so kostengünstig wie möglich bei reeller tariflicher Bezahlung seiner Mitarbeiter zu bedienen. Er hat für sich ein branchenübliches Gehalt bezogen. Die meiste Zeit seines Lebens verbrachte er in seinem Büro, um das neuapostolische Schriftgut zu lesen und zu korrigieren. Er machte kaum Urlaub, war ein guter Koch und Kenner einer guten Flasche Rotwein. Friedrich Bischoff war selbstverständlich auch mit menschlichen Fehlern behaftet wie wir alle.

Der Beginn

Nach Gründung der neuen Religionsgemeinschaft „Neuapostolische Gemeinde" wurde diese schnell publizistisch aktiv. Auf Initiative einzelner Anhänger wurden Zeitschriften wie:

Der Sendbote, ein Sonntagsblatt" und die „Neuapostolische Rundschau" herausgegeben. Bis 1920 erschienen verschiedene Zeitschriften, deren Titel und Erscheinungsweise jeweils voneinander abwichen.

Seit 1921 erschien z.B. die meist halbmonatlich vom jeweiligen Stammapostel der Neuapostolischen Kirche an dessen Wohn- oder Amtssitz herausgegebene Zeitschrift Wächterstimme aus Zion. Produziert wurde das meiste Schrifttum in einem Verlag in Leipzig, der dem Evangelisten Friedrich Wilhelm Krause gehörte. Gedruckt wurden diese Schriften bei verschiedenen Druckereien, so unter anderem auch bei C.G. Röder in Leipzig und bei P. Giese in Offenbach/Main. Im Zuge der unter dem zweiten Stammapostel Hermann Niehaus durchgeführten Zentralisierung der Kirche und der mit ihr verbundenen einheitlicheren Ausprägung der Lehre sollte das neuapostolische Schrifttum stärker auf die von der jeweiligen Hauptleitung vertretenen Inhalte ausgerichtet werden. Dieses Schrifttum umfasste neben den Zeitschriften diverse Lehr- und Gesangbücher. Im Zusammenhang mit innerkirchlichen Spannungen erging der Auftrag des Stammapostels an seinen Stellvertreter Johann Gottfried Bischoff, an dessen Wohnort in Frankfurt/Main eine eigene Hausdruckerei innerhalb der Kirchenverwaltung einzurichten. Daraufhin wurden Druckmaschinen angeschafft und aus Kirchenvermögen bezahlt. Zum Geschäftsführer dieser neuen Abteilung wurde per Vertrag vom 15.11.1928 Friedrich Bischoff (31.03.1909 bis 09.12.1987), der Sohn des damaligen Stammapostelhelfers J. G. Bischoff, „auf Lebenszeit" eingestellt. Bereits mit Datum 01.01.1929 erschienen alle Zeitschriften in dieser neuen „Abteilung Hausdruckerei" in Frankfurt/Main.

Der Sendbote

Neuapostolische Rundschau

Information in Sachen Bischoff – Troll

Johann Gottfried Bischoff erhielt im Jahre 1927 von Stammapostel Hermann Niehaus den Auftrag zur Zusammenfassung der Zeitschriften und Gemeindeformulare in einem der Kirchenorganisation gehörenden Verlagsunternehmen, dem eine Buchdruckerei angegliedert sein sollte.

Zur Planung des Unternehmens wurde Friedrich Bischoff herangezogen und mit der Erledigung der technischen Aufgaben betraut.

Ende 1928 waren die Vorarbeiten abgeschlossen und für die Druckerei ein Gebäude errichtet, die notwendigen Maschinen und Schriften, sowie sonstige Einrichtungsgegenstände, wurden nach Angaben von Friedrich Bischoff beschafft. Das Druckereiunternehmen war eng an die Kirche angeschlossen und führte den Namen „Vereinigte Neuapostolische Gemeinden Süd- und Mitteldeutschlands e.V." mit Sitz in Frankfurt/Main, Abteilung Hausdruckerei.

Vom 01.04.1926 bis zum 31.03.1928 war Friedrich Bischoff Buchdruckerlehrling in der „Buch- und Kunstdruckerei Paul Giese" in Offenbach/Main, in der auch die von J. G. Bischoff herausgegebene Zeitschrift „Der Jugendfreund" gedruckt wurde. Auf Drängen seines Vaters beendete Friedrich Bischoff seine Lehre vorzeitig und stand der Kirche zur Verfügung. Hierin zeigte sich bereits ein wichtiger Zug im Leben Friedrich Bischoffs: Die Unterordnung persönlicher und zum Teil auch geschäftlicher Interessen unter das Gesamtinteresse der Kirche.

Gesellenbrief von Friedrich Bischoff

Ab 01.01.1929 war Friedrich Bischoff zum Geschäftsführer des neu gegründeten Unternehmens vom Stammapostel Hermann Niehaus aus Quelle bei Brackwede bestellt worden. Als Buchhalter in der Druckerei war Alois Illig, Frankfurt/Main, tätig, der aber einige Monate später an einer anderen Stelle im Gemeindedienst eingesetzt wurde. Dadurch wurde die Stelle eines Buchhalters frei. Albert Troll, mit dem Friedrich Bischoff seit seiner Schulzeit befreundet und der im Geschäft seines Vaters tätig war, wurde von Friedrich Bischoff als Buchhalter vorgeschlagen. Er trat im März oder April 1929 in die

Dienste des Vereins als Buchhalter der Hausdruckerei ein. Die Druckerei hatte eine bedeutende Zahl von Buchbindeaufträgen zu vergeben, und es entstand der Plan, eine eigene Buchbinderei zu eröffnen. Mit den ersparten Beträgen wurden die ersten Maschinen und Einrichtungsgegenstände erworben und in der Wohnung der Eltern des Albert Troll in der Kölner Straße 80, mit der Arbeit begonnen. Als die Räume nicht mehr ausreichend waren, fand eine Übersiedlung in einen Geschäftsraum in der Frankenallee statt. Das Unternehmen führte den Namen „Großbinderei Johann Troll", da Albert Troll wie auch Friedrich Bischoff nicht nach außen in Erscheinung treten mochten. In mehreren Besprechungen mit J. G. Bischoff entschloss sich Friedrich Bischoff, das Unternehmen zu erwerben. Die Bedingungen wurden festgelegt und Friedrich Bischoff übernahm die Hausdruckerei am 01.07.1932. Albert Troll war frühzeitig gekündigt worden, er schied am 30.06.1932 aus seinem seitherigen Verhältnis als Buchhalter der Hausdruckerei aus. In das neue Unternehmen „Friedrich Bischoff" trat Albert Troll weder als Teilhaber noch als Angestellter ein. Eine Anstellung erfolgte nicht, Troll war freier Mitarbeiter. Er wählte damals die Bezeichnung „Wirtschaftsberater" und war in jeder Hinsicht selbständig. Im Unternehmen Friedrich Bischoff hatte Troll lediglich die Aufgabe einer wirtschaftlichen Beratung und der Erledigung der buchhalterischen Arbeiten. Zu letzteren standen mit der späteren Ausdehnung des Geschäfts noch Angestellte zur Verfügung. Dieses Verhältnis endete mit Kriegsbeginn und dem Ende des Deutschen Buch Verlages.

Die Hausdruckerei

Wie schon erwähnt, nahm die „Abteilung Hausdruckerei" am
01.01.1929 ihre Arbeit auf. In ihr erschienen neben den drei
Halbmonatsschriften „Wächterstimme", „Jugendfreund" und
„Amtsblatt" sehr wenige andere Produktionen. Dies hatte mehrere
Gründe:

Zunächst war der Maschinenbestand der Druckerei sehr gering und
bestand nur aus einer kleinen Schnellpresse „Johannisberg"
(50 x 70 cm mit Bogenanleger), einer Tiegeldruckpresse mit
Handanlage und einer Papierschneidemaschine.

Alle Drucksachen wurden im Handsatz gefertigt. Die Maschinen
wurden von Friedrich Bischoff selbst zum Druck eingerichtet,
gewartet und auch repariert. Mit der Herstellung von insgesamt sechs

Eine der ersten Druckmaschinen

verschiedenen Zeitschriftenausgaben pro Monat war Bischoff ziemlich ausgelastet, auch wenn jede einzelne Zeitschriftennummer nur etwa acht Oktav-Seiten Umfang besaß. Daneben mussten vor allem Formulare gedruckt werden, die für die interne Verwaltung der Kirche und der Gemeinden notwendig waren. Dabei muss immer bedacht werden, dass diese Hausdruckerei als Abteilung innerhalb der zentralen Kirchenverwaltung existierte, dass ihre Mitarbeiter von der Kirche bezahlt wurden und ihr Initiator, der über dem Geschäftsführer als Hauptleiter fungierende J. G. Bischoff, nicht an der Erwirtschaftung von Überschüssen und an einer Ausweitung der Produktionspalette interessiert war. Die Hausdruckerei brauchte sich wirtschaftlich nicht selbst zu tragen. Von einer kaufmännischen, also einer gewinnorientierten Abrechnung konnte daher keine Rede sein. Die „Abteilung Hausdruckerei" war keine „lukrative Betriebseinheit."

Die geringe Produktivität der Druckerei erklärt sich auch dadurch, dass in Leipzig immer noch der Verlag F. W. Krause existierte, der weiterhin Gesangbücher und Noten auslieferte, ohne allerdings Neudrucke in Auftrag zu geben. Dabei entstanden Differenzen zwischen dem Verlag Kraus und der Hauptleitung der Neuapostolischen Kirche, deren Gründe in der Preisgestaltung des Leipziger Verlages lagen, die von der Kirchenleitung „mit einiger Sorge", betrachtet wurde. Diese unerfreuliche Entwicklung endete erst, nachdem der Verlag Bischoff gegründet war.

Die ersten beiden Broschüren, die der Hausdruckerei zuzuordnen sind, lassen sich chronologisch nicht eindeutig festlegen.

Die „Satzung des Vereines Neuapostolischer Bezirksgemeinden" trat bereits am 14.02.1927 in Kraft, also fast zwei Jahre vor Gründung der Hausdruckerei. Im Druckvermerk ist nur der Name „Fr. Bischoff" angegeben, sodass diese achtseitige Broschüre durchaus auch später gedruckt worden sein könnte. Gegen diese Annahme spricht jedoch, dass schon 1929 ein Verein der „Vereinigten Neuapostolischen Gemeinden Süd- und Mitteldeutschlands" gegründet wurde, der dem „Verein der „Bezirksgemeinden" übergeordnet war. Der „Verein der Bezirksgemeinden" ging in dem übergeordneten Verein auf, sodass der Druck seiner Vereinssatzungen nach 1929 völlig nutzlos gewesen wäre.

Das zweite Druckerzeugnis war die im Dezember 1928 veröffentlichte „Geschichte der Neuapostolischen Kirche in Hamburg". Diese 32-seitige Broschüre trug bereits den für die übrigen Erzeugnisse dieser Druckerei typischen Satz „Vereinigte Neuapostolische Gemeinden Süd- und Mitteldeutschlands e. V. Abteilung Hausdruckerei" als Druckvermerk. Damit dürfte dieses Werk im Dezember 1928 gedruckt worden sein. Ob die oben beschriebenen „Satzungen" vor oder nach dieser zweiten Broschüre entstanden sind, kann nicht geklärt werden.

Die beiden nächsten Produktionen entstanden, um den Mitgliedern der Kirche die Amtsstruktur zu erläutern und ihnen die religiösen Glaubensinhalte zu vermitteln. In beiden Broschüren wurde kein Verfasser genannt, doch dürfte der spätere Stammapostel J. G. Bischoff besonderen Anteil an der Erstellung dieser beiden kleinen Schriften gehabt haben. Um das Jahr 1930 erschien das Buch „Das Leben nach dem Tode."

Dieses von Friedrich Linde stammende Buch trägt zwar einen Druckvermerk, jedoch keine Angabe des Herstellungsjahres. Zwei Gründe machen jedoch sehr wahrscheinlich, dass dieses Buch in der Hausdruckerei entstand.

Das Leben nach dem Tode

Biblische und Neuapostolische Versiegelung

Erstens entstand eine weitere Schrift Lindes im Jahr 1930, die eindeutig der Hausdruckerei zugeordnet werden kann. Zum anderen war das Titelblatt des Buches identisch mit dem, dass bei den 1932 erschienen „Allgemeinen Hausregeln" Verwendung fand. Daher wurde das Buch Lindes unter die Drucke der „Abteilung Hausdruckerei" eingeordnet. Leider konnte zur Person Friedrich Lindes nicht viel in Erfahrung gebracht werden. Er war ein höherer Amtsträger der Neuapostolischen Kirche. Seine Schrift über „Biblische und Neuapostolische Versiegelung" schrieb er als Erwiderung auf die gleichnamige Streitschrift Chr. Röckles. Leider sind beide Schriften dieses Titels nicht in den Bibliographien des Schrifttums jener Jahre verzeichnet, so dass dieser Tatbestand nicht näher beleuchtet werden kann. Für die Anfangsjahre sind derartige Streit- und Erwiderungsschriften als Mittel der theologischen Auseinandersetzung sicher häufiger verfasst worden, leider sind davon kaum noch Exemplare erhalten geblieben.

Ein Ereignis beeinflusste die Geschichte der Hausdruckerei nachhaltig: Im Laufe des Jahres 1930 hatte der Stammapostel H. Niehaus infolge eines erlittenen Unfalls alle Amtsgeschäfte seinem designierten Nachfolger J. G. Bischoff übergeben müssen, der sich daraufhin der unlukrativen Hausdruckerei nicht mehr widmen konnte. Als neuer Stammapostel verstärkte J. G. Bischoff jedoch nach 1930 die Bemühungen um die Zentralisierung des neuapostolischen Schrifttums.

So veranlasste er die Übergabe der letzten Bestände des Leipziger Verlages an die Frankfurter Hausdruckerei. Dabei sind alle Unterlagen über eine „buchmäßige Übergabe durch den Bezirksältesten Weber aus Halle" verloren gegangen.

Sicher ist, dass mit diesem Vorgang die Zentralisierung des neuapostolischen Schrifttums zunächst abgeschlossen war. Dennoch blieb die Hausdruckerei weiterhin ein nicht lukratives Anhängsel der zentralen Kirchenverwaltung in Frankfurt.

Hinzu kam, dass ihre Einbindung in die Neuapostolische Kirche zu einem politischen Zankapfel wurde. Regiebetriebe wie die Hausdruckerei kamen anfangs der dreißiger Jahre des vorigen Jahrhunderts immer stärker unter den Druck der Gewerkschaften, die in jener wirtschaftlich schlechten Zeit befürchteten, von Körperschaften betriebene Firmen könnten die Entwicklung des freischaffenden Gewerbes stören, vor allem aber Tarifabsprachen unterlaufen. Deshalb drängten sie auf deren Auflösung. Da die Neuapostolische Kirche jeglichen gesellschaftlichen Konflikt vermeiden wollte, erteilte das „Apostelkollegium der Neuapostolischen Kirche Deutschlands e.V." dem Stammapostel J. G. Bischoff mit Datum vom 29.04.1932 den förmlichen Auftrag, die „Abteilung Hausdruckerei" an Friedrich Bischoff zu verkaufen. Auf der Grundlage eines Kaufangebotes wurde am 20.06.1932 der sogenannte „Lieferungsvertrag" unterzeichnet, in dem Friedrich Bischoff sich verpflichtete, bestimmte Produkte für die Neuapostolische Kirche herzustellen, die wiederum Friedrich Bischoff die Abnahme dieser Produkte garantierte.

Mit diesem letztgenannten Datum begann die bis heute unverändert andauernde Zusammenarbeit zwischen Verlag und Kirche, auch wenn das Gründungsdatum des Verlags in offiziellen Verzeichnissen erst mit dem 01.07.1932 angegeben wird. Abschließend lässt sich zur „Abteilung Hausdruckerei" sagen, dass sie stets ein Druckereibetrieb blieb, in dem Zeitschriften erschienen und einige Bücher und Broschüren publiziert wurden, ohne dass man jedoch von einem Verlag in dem Worte eigentlicher Bedeutung sprechen kann.

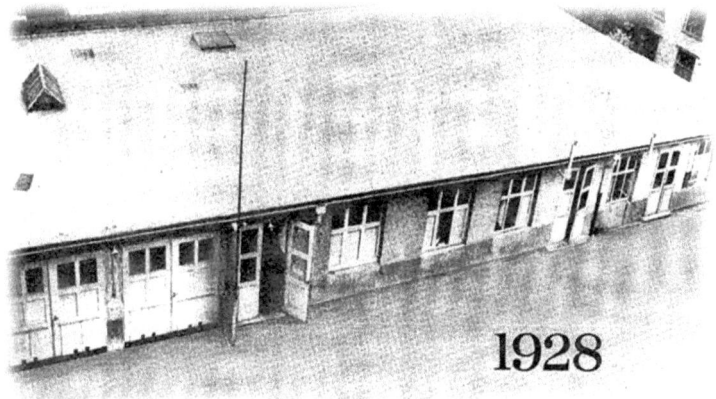

Die Druckerei 1928 im Hinterhof der Sophienstraße 75 in Frankfurt am Main

**APOSTELKOLLEGIUM
DER NEUAPOSTOLISCHEN GEMEINDEN DEUTSCHLANDS E. V.**
SITZ FRANKFURT A. M.-WEST 13, SOPHIENSTRASSE. 48. FERNSPR.: MAINGAU 79840.

POSTSCHECKKONTO: FRANKFURT A. M. 59180. BANKKONTO: DEUTSCHE BANK UND DISKONTOGESELLSCHAFT
DEPOSITENKASSE E, FRANKFURT A. M.-WEST 13.

DEN 29.A p r i l   1932.

A U F T R A G .

Zwecks Einheitlichkeit und Vereinfachung der gesamten
Geschäftsführung der seitherigen Hausdruckerei des unten ge-
nannten Vereins hat das Apostelkollegium der Neuapostolischen
Gemeinden Deutschlands e.V.den Hauptleiter der Neuapostolischen
Kirche und Vorstand der Vereinigten Neuapostolischen Gemeinden
Süd und Mitteldeutschlands e.V.Sitz Frankfurt a.M.beauftragt,
die Herstellung und den Versand der Schriften für die Neuaposto-
lischen Gemeinden dem Herrn Friedrich Bischoff,Frankfurt a/M.
Sophienstrasse №75 bis auf Weiteres zu über-tragen und die
dazu erforderlichen Verträge abzuschliessen.

Das Apostelkollegium der Neuapostolischen Gemeinde in
Deutschland E.V. gibt Friedrich Bischoff den Auftrag für die
Herstellung und den Versand der Schriften für die Neuapostolische
Gemeinde.

25

Der „Deutsche Buchverlag" 1932/33

Der Freund Albert Troll kannte den Journalisten Frank Arnau und machte ihn mit Friedrich Bischoff bekannt. Frank Arnau war ein Schweizer Schriftsteller. 1920 erhielt er die deutsche Staatsangehörigkeit, die er 1934 wieder verlor. Mit Hitlers politischem Aufschwung und der Gegnerschaft von Arnau zum Nationalsozialismus wurde er zur Emigration gezwungen. 1933 flüchtete er über die grüne Grenze nach Holland. Bis dahin hatte er bereits 11 Bücher geschrieben.

Im Oktober 1932 gründeten Bischoff und Arnau den „Deutschen Buchverlag", der als GmbH mit 20.000 Reichsmark Kapital entstand. Dabei stellte Bischoff zwei Drittel und Arnau ein Drittel der Anteile, indem letzterer seine Arbeit als Manuskriptlieferant einzubringen hatte und Bischoff die zur Produktion nötigen Rohstoffe und Maschinen zur Verfügung stellte. Zugleich konnte Bischoff als Lizenznehmer der Produkte auch deren weitergehenden Verwertungsrechte nutzen.

Der neue „Deutsche Buchverlag" nahm über Frank Arnau Kontakt zu mehreren Autoren auf. So bot ein Berliner Autor namens Hans W. Gölz dem Verlag mindestens ein Manuskript an, dessen Titel sich nicht mehr feststellen lässt, da dieses Manuskript nicht erworben wurde. Der Wiener Autor Adolf Walter dagegen verkaufte für 500 Reichsmark alle Rechte an seinem Roman „Uah-Uah – der Herr der Erde" an den „Deutschen Buchverlag". Vor einer kompletten Drucklegung sollte der Roman als Fortsetzungsgeschichte in einer Zeitschrift erscheinen. Trotz einer Abmahnung durch den Autor im

August 1933 erschienen weder der Vorabdruck noch der komplette Roman, zu dem Bischoff bereits verschiedene Schutzumschläge hatte entwerfen lassen.

Bei zwei anderen Werken kam es zu keinem Vertragsabschluss. Im November 1932 bot ein Berliner Redaktionsbüro dem Verlag zwei nicht näher bezeichnete „Flechter-Werke" an, die niemals im Verlag Bischoff oder im „Deutschen Buchverlag" erschienen.

Aus zwei Gründen endete 1933 die Existenz des „Deutschen Buchverlags":

Zunächst stand J. G. Bischoff dem neuen Unternehmen ablehnend gegenüber. Seiner Meinung nach sollte der Verlag seines Sohnes ein ausschließlich der Kirche nahestehendes Unternehmen bleiben.

Zum anderen bekam Frank Arnau persönliche Schwierigkeiten. Er hieß eigentlich Harry Schmidt (09.03.1884 bis 11.02.1976) und war u.a. als Korrespondent für das „Berliner Tageblatt" und die „Wiener Reichspost" tätig. Im Herbst 1933 wurde Arnau, wohl auf Grund seines linksliberalen Standpunkts, von der Gestapo wegen Hochverrates angeklagt und musste emigrieren. Von dem daraufhin eingetretenen Ende des „Deutschen Buchverlags" zeugt ein Schreiben der Gestapo Frankfurt/Main vom 12.06.1933, in dem Bischoff lapidar mitgeteilt wurde, dass die Existenz der GmbH „Deutscher Buchverlag" für beendet erklärt wurde.

Die angeordnete Auflösung des Verlags geschah sicherlich einvernehmlich. Die geringen bis dato angefallenen Kosten trug Friedrich Bischoff.

Lohndruckaufträge und die Entstehung
der Zeitschrift „Unsere Familie"

Neben den gescheiterten verlegerischen Aktivitäten hatte sich Bischoff mit Beginn seiner eigenverantwortlichen Tätigkeit als Druckereibesitzer auch darum bemüht, seine Druckmaschinen optimal auszunutzen. Deshalb nahm er Lohndruckaufträge an. Ein solcher Lohndruckauftrag war, dass Friedrich Bischoff für eine Frankfurter Partei namens „Radikaler Mittelstand" deren Mitteilungsblatt „Die Parole" druckte.

Friedrich Bischoff trat am 1.Mai 1933 in die NSDAP ein. Ohne Mitglied der Partei zu sein, wäre ihm das Drucken und Vertreiben von jeglichem Schriftgut verboten worden, im Besonderen die Drucksachen für die Apostolische Kirche, die unter Beobachtung der Regierung stand.

Friedrich Bischoff stellte im Laufe des Jahres 1933 auch die „Frankfurter Rundfunk-Zeitung" samt ihren beiden Kopfzeitungen „Hessische" – und „Kasseler Rundfunk-Zeitung" für deren Verleger Friedrich Hornung her. Im Laufe seiner Zusammenarbeit mit Bischoff geriet Hornung in Zahlungsschwierigkeiten. Da Bischoff die Zeitung gern in seinen eigenen Verlag übernehmen wollte, druckte er zunächst noch weitere Ausgaben, bis die Schulden Hornungs so groß geworden waren, dass Bischoff die Zeitung problemlos in Aufrechnung gegen die entstandenen Schulden zugesprochen bekam. Mit der Zeitung übernahm Bischoff auch den Großteil der Redaktionsmitglieder in seinen Verlag. Damit besaß Bischoff eine erste offiziell eigenständige Redaktion im Hause, die nicht den Weisungen der Hauptleitung der Neuapostolischen Kirche in Person seines Vaters unterworfen war.

Zusammen mit den neuen Mitarbeitern und neben den laufend auszuführenden Arbeiten für die drei kirchlichen Zeitschriften und die Rundfunk-Zeitung begann Friedrich Bischoff eine „Zeitschrift für das neuapostolische Heim" zu planen, in der „Winke für Hausbesitzer und Mieter, für Bauern und Gartenliebhaber, für die Arbeitsstätten der Männer und den Wirkungskreis der Hausfrau" gegeben werden sollten. Daneben sollte natürlich auch „viel aus dem Leben der Apostel (der Neuapostolischen Kirche) und ihrem Wirken" in den Gottesdiensten berichtet werden.

Die neue Zeitschrift sollte in illustrierter Form erscheinen. Ihr Titel „Unsere Familie", zunächst als Arbeitstitel gedacht, war schnell gefunden und kennzeichnete die in der Redaktion vorhandene Arbeitsstimmung.

Für die neue Zeitschrift „Unsere Familie" beantragte Bischoff, dem „Schriftleitergesetz" vom 04.10.1933 folgend, seine Aufnahme in die Schriftleiterliste der Reichsschrifttumskammer.

Sein Antrag wurde jedoch abgelehnt, da ihm die abgeschlossene Berufsausbildung fehlte, die zur Besetzung einer solchen Stelle notwendig war. So verpflichtete Bischoff den aus Hildburghausen stammenden Johann Heinrich Braach.

Der erste Hauptschriftleiter der Zeitschrift "Unsere Familie" Johann Heinrich Braach

J. H. Braach heiratete am 07.04.1920 in Frankfurt/Main Frau Emilie Maria Hirschfeld, die jüdischen Glaubens war. Wie Mile Braach in ihrem Buch „Rückblende - Erinnerungen einer Neunzigjährigen", erschienen im Fischer-Verlag, schreibt, war Johannes Heinrich Braach vor seinem Eintritt in die Firma Friedrich Bischoff Chefredakteur im Vogel-Verlag, einem bekannten Fachzeitschriften-Verlag in Pössneck.

Das Buch von Mile Braach   Erschienen im Fischer Verlag Frankfurt

Nachfolgend ein Auszug aus ihren Erinnerungen:

„Was uns zu diesem Zeitpunkt bewog, den Stellenanzeigen in der Journalistenzeitung Beachtung zu schenken, kann ich nicht mit absoluter Sicherheit erklären. Hatte sich der Vogel-Verlag an meiner Abstammung gestoßen und Heinrich einen Wink gegeben? Hatte er aus Sorge, dass es noch so weit kommen könnte, den Mut verloren, weiter auf politischem Glatteis zu jonglieren? War es die unerfreuliche Vorladung zur Ortsgruppenstelle? Eines stand jedenfalls fest: Wir wollten hier weg.

Und als eines Tages ein Hauptschriftleiter für eine neu zu gründende Familienzeitschrift gesucht wurde, diktierte Heinrich mir ein Bewerbungsschreiben. Schon wenige Tage später kam die Antwort, und zwar von einem Verlag in Frankfurt, dass man an der Bewerbung interessiert sei und Heinrich möge so bald wie möglich zu einer persönlichen Vorstellung kommen.

Heinrich Braach

Heinrich hatte also die Stelle bekommen, der Vogel-Verlag hatte Verständnis für eine vorzeitige Auflösung des Kontraktes. Die neue redaktionelle Aufgabe hatte nichts mit Politik zu tun. Der Verlag war Eigentum der weit verbreiteten Apostolischen Gemeinde, für deren fast 400.000 Mitglieder eine unterhaltsame Zeitschrift geschaffen werden sollte. Der Titel lautete „Unsere Familie – Zeitschrift für das Neuapostolische Heim. "

Die erste Ausgabe der Zeitschrift „Unsere Familie

Zwei oder drei Seiten in dem neuen Magazin waren kirchlichen Nachrichten vorbehalten. Mit diesen hatte Heinrich nichts zu tun. Er war für den Unterhaltungsteil verantwortlich, wobei er selbstverständlich auf den religiösen Leserkreis gewisse Rücksichten nehmen musste.

Die Verlagsleitung lag in den Händen von zwei jüngeren Leuten: Fritz Bischoff, dem Sohn des Stammapostels, und Albert Troll, einem ideenreichen und genialen Draufgänger. Beide waren unternehmerisch und sportlich, beide hatten ihren Pilotenschein und gemeinsam besaßen sie einen Doppeldecker.

Anmerkung des Autors: Dieses Flugzeug war Eigentum des „Deutschen Buchverlages" und stand mit der Firma Bischoff in keiner Verbindung.

Durch eine Reise nach Süd-Afrika hatte Friedrich Bischoff mit Apostel H. F. Schlaphoff ein inniges freundschaftliches Verhältnis. **Sie** tauschten sich gegenseitig technische und persönliche Flugerfahrungen aus. Ein Brief von einem abenteuerlichen Flug im November 1937 war der Auslöser zur Aufgabe des Fliegens.

Hier ein Ausschnitt des Briefes:

Da mich nun die Brüder und Schwestern einmütig gebeten haben, um des Werkes Willen nicht mehr zu fliegen, habe ich versprochen diesem Wunsche stattzugeben, gez. H. F. Schlapphoff.

Bruchlandung ohne Verletzungen von Friedrich Bischoff und Albert Troll

Das Fliegen hat auch Friedrich Bischoff bald danach aufgegeben. Er ist nie mehr selbst geflogen. Während des Zweiten Weltkrieges war er zwar bei der Luftwaffe eingesetzt, gehörte aber immer zum Bodenpersonal. Über eine längere Zeit hin war er dort als Koch tätig.

Friedrich Bischoff als Koch in Russland

Mile Braach schreibt weiter: „Am 17. Dezember 1933 war das erste Heft von „Unsere Familie" erschienen. Das wurde gemeinsam ausgiebig gefeiert.

Als uns der Verlag freundlicherweise einen alten Ford zur Verfügung stellte und sowohl Heinrich als auch ich unsere Fahrprüfungen bestanden hatten, wurden wir beweglicher.

Das erste Jahrbuch „Der Kalender Unsere Familie"

In vielen neuapostolischen Haushalten lag 1935 nun die Broschüre „Unsere Familie", der „Kalender für das Neuapostolische Heim", den Heinrich im Auftrag des Verlages gestaltet hatte und der nicht nur dem Unternehmen, sondern auch uns gute Einnahmen verschaffte und in die Lage versetzte, einen eigenen Wagen zu kaufen. Natürlich einen gebrauchten, aber einen recht stattlichen „Wanderer" aus dem Haus der Firma „DKW".

Das erste Auto der Familie Braach

Mile Braach schreibt: „Bei Heinrich bemerkte ich schon seit einiger Zeit, dass der Schwung für die Redaktionsarbeit erheblich nachgelassen hatte. Gab es Schwierigkeiten, von denen ich nichts wusste? War es die unvermeidbare Rücksichtnahme auf die neuapostolische Leserschaft? Lag es daran, dass man mit der Zusammenstellung für den nächsten „Kalender" jemand anderes beauftragt hatte? Oder war es der Drang, wieder freischaffend zu arbeiten und am Altrhein zu sitzen, Reiher und Milane zu beobachten und zu fischen? Was immer es war, er gab seinen Posten auf. Ich kann nicht behaupten, dass ich begeistert war. Der Optimismus von einst war nicht mehr da, und die bitteren Erfahrungen aus der Zeit des sogenannten „freien" Schriftstellerlebens hatten mich ängstlich gemacht. Zu allem kam die politische Unberechenbarkeit."

Soweit die Rückblende von Mile Braach.

Unsere Familie

Auch Stammapostel J. G. Bischoff stimmte dem Projekt „Unsere Familie" zu. Friedrich Bischoff hatte über den Journalisten Frank Arnau erfahren, dass ab 15.11.1933 gemäß der Ersten Durchführungsbestimmung zum „Reichskulturgesetz" keine neuen Zeitschriften mehr zugelassen würden. Aus diesem Grund wurde die erste Ausgabe der Zeitschrift „Unsere Familie" für den 17.12.1933 noch vor dem 15.11.1933 an die einzelnen Gemeinden der Kirche versandt.

„Südwestdeutsche Rundfunk Zeitung" vereinigt mit
„Frankfurter" „Hessischer" und „Kasseler" Rundfunk-Zeitung.

Im Dezember 1933 musste Friedrich Bischoff die „Frankfurter Rundfunk-Zeitung" an den Verlag der „Südwestdeutschen Rundfunkzeitung" abgeben

Die neue Durchführungsanordnung bestimmte, dass alle nach dem 15.11.1933 entstandenen Zeitschriften der Behörde zur Genehmigung vorzulegen seien.

Da Friedrich Bischoff belegen konnte, dass die erste Ausgabe der neuen Zeitschrift bereits vor Inkrafttreten der neuen Durchführungsverordnung ausgeliefert worden war, fiel die Zeitschrift damit noch nicht unter die neuen gesetzlichen Bestimmungen. So wurde die Information Frank Arnaus zum Geburtshelfer der „Unsere Familie". Friedrich Bischoff war im Dezember 1933 mehrfach in Kontakt mit staatlichen Stellen gekommen. Gründe dafür waren:

Bischoff hatte für eine von den Nationalsozialisten abgelehnte Partei deren Parteiblatt gedruckt. Sein „Deutscher Buchverlag" war aufgelöst worden, sein Teilhaber wegen Hochverrats angeklagt und vor seiner Inhaftierung geflohen.

Die neue Zeitschrift „Unsere Familie" war gerade noch um ein Genehmigungsverfahren herumgekommen.

Friedrich Bischoff war aktives Mitglied einer von der Regierung mit Misstrauen beobachteten Religionsgemeinschaft und zugleich der Sohn des Hauptleiters dieser Kirche.

Der Verlag produzierte nur Schrifttum für diese Religionsgemeinschaft und nicht für nationalsozialistische Interessen. Aus Sorge vor vermuteten Repressalien für sich, seinen Verlag und eventuell sogar die gesamte Neuapostolische Kirche in Deutschland trat Friedrich Bischoff im Jahr 1933 in die NSDAP ein. Er hoffte damit, sein Verhältnis zum Staat zu verbessern. Ob ihm der

Parteieintritt geholfen hat oder nicht, bleibt unklar. Die wenigen Produktionen, die Bischoff bis 1941 noch in Angriff nahm, konnten anscheinend ohne jegliche Genehmigungsschwierigkeiten publiziert werden. Auf tatsächlich verbotene oder verhinderte Publikationsvorhaben konnten keinerlei Hinweise gefunden werden. Allein die Sorge vor einer solchen Ablehnung dürfte jedoch manches Vorhaben verhindert haben.

Die Zeitschrift „Unsere Familie" belegte, wie sich die Neuapostolische Kirche und ihre Mitglieder, und damit auch der Verlag Bischoff, zum NS-Staat stellten.

Zunächst konnte die Zeitschrift unbehelligt von staatlichen oder anderen Stellen die Inhalte publizieren, die der Verlag und die Hauptleitung der Kirche dafür vorsahen. Die Startauflage der Zeitschrift betrug 32.725 Exemplare. Im Gegensatz zum Vertrieb der „Kleinen Zeitschriften": „Amtsblatt" „Wächterstimme und „Jugendfreund" musste der Bezug dieser neuen Zeitschrift vom Abonnenten direkt beim Verlag bezahlt werden.

In den ersten Ausgaben der illustrierten Zeitschrift „Unsere Familie" war an die Leser der Aufruf ergangen, „glaubensbezogene Erlebnisse" an die Redaktion der Zeitschrift zu senden. Dieser Aufruf brachte der Redaktion, die nicht nur aus neuapostolischen Mitarbeitern bestand, eine ganze Anzahl von Beiträgen verschiedener Mitglieder und Amtsinhaber der Kirche ein. Diese Artikel konnten nicht alle in den laufenden Zeitschriften erscheinen. Wohl auf Initiative des Verlegers ging man noch im Jahr 1934 daran, für diese Beiträge eine geeignete Publikationsform zu schaffen.

Anzeige im Kalender Nr. .2 von 1936

Der so entstandene „Kalender Unsere Familie" konnte ohne Probleme publiziert werden. Vielleicht deshalb, weil der „Kalender" unter demselben Titel erschien, den die bereits herausgegebene Zeitschrift trug.

Im Prinzip war der Verlag Bischoff Ende des Jahres 1933 das geblieben, was die „Abteilung Hausdruckerei" vorher gewesen war. Mit der neuen Zeitschrift „Unsere Familie" gelang es dem Verlag, sich vom bloßen Druckereibetrieb, zu dem auch eine Zeitschriftenredaktion gehörte, zu einem Zeitschriftenverlag zu entwickeln, dessen Publikationen in einer hauseigenen Druckerei hergestellt wurden.

Die Jahre bis zur kriegsbedingten
Produktionseinstellung 1941

Im Jahre 1935 kam es in der Zeitschriftenredaktion des Verlages zu personellen Veränderungen. Der Hauptschriftleiter der Zeitschrift „Unsere Familie", Johann Heinrich Braach, trennte sich von Friedrich Bischoff. Er arbeitete zunächst freiberuflich an seinem Tierroman „ Quilepp und Quila."

Der Tierroman über ein Reiherpärchen

Er übernahm hin und wieder Redaktionsvertretungen, so 1938 für längere Zeit bei der „Rheinhessischen Landeszeitung" in Oppenheim die Redaktionsleitung. Ob die Trennung auf einer persönlichen Gefährdung Braachs als Ehemann einer Jüdin beruhte oder ob dieser Trennung mehr Unstimmigkeiten über die inhaltliche Gestaltung der Zeitschrift „Unsere Familie" vorausgingen, kann nicht eindeutig geklärt werden. Jedenfalls erschien Braach am 20.09.1935 letztmalig als verantwortlicher Hauptschriftleiter im Impressum der Zeitschrift „Unsere Familie".

Eine Fortsetzungserzählung von Heinrich Braach

Anmerkung des Autors: Wie in einer persönlichen Aufzeichnung von Friedrich Bischoff später zu lesen war, waren Frau Braach und Tochter eifrige Mitarbeiter von Redakteur Heinrich Braach. Es waren politische Einflüsse, die der Mitarbeit von Heinrich Braach ein Ende setzten. Friedrich Bischoff schreibt weiter: In unserem Hause löste diese Entscheidung großes Bedauern aus.

Friedrich Bischoff bei seiner Lieblingsarbeit

Ein Bericht aus der Zeitschrift „Unsere Familie"
vom 5. Januar 1935

Mit der Überschrift „Wie unsere Zeitschrift hergestellt wird"

In stetem Fluss ist die Arbeit der Schriftleitung begriffen, die Schreibmaschinen klappern, diese oder jene eigene Arbeit entsteht. Daneben heißt es, zahllose Manuskripte durchzuprüfen, flattern doch täglich vielerlei Zuschriften und Bilder auf den Schreibtisch und häufen sich in oft beängstigendem Maße. Von der ernsten und heiteren Seite des Lebens, mehr oder minder geschickt erzählt oder photographisch festgehalten, wird so manches vorgelegt und harrt der Beurteilung. Wollte die Schriftleitung auch nur zum geringen Bruchteil alles, was ihr angeboten und sogar von ihr als brauchbar befunden wird, veröffentlichen, der Umfang unserer Zeitschrift musste um ein Mehrfaches verstärkt werden.

Was ihr wohl zu unserer Arbeit sagen mögt? Dieses Sich -einfühlen. Wollen in euer Leben, in eure Arbeit und in eure Ansichten vom Leben ist das Geheimnis, das diese Zeitschrift erfüllt. Wir wissen, dass wir in Kleinigkeiten nicht immer so treffen, wie es dem oder jenem recht ist, aber dafür sind wir ja Menschen, und es allen recht zu machen, ist noch niemand gelungen. Das wisst ihr ja auch.

Beim Anfang des zweiten Jahrganges wollen wir euch versprechen, dass wir in den alten Bahnen weiterwandeln und nicht von unseren Zielen lassen wollen. Die gleichen Aufgaben sind uns gestellt, und wir werden sie so und noch besser zu erfüllen suchen, wie es uns bisher geglückt ist. Das können wir allerdings nur, wenn ihr uns die Liebe, die wir euch gegenüber hegen, in demselben Maße wiedergebt und in nicht geringerem Grade unsere Treue durch die gleiche Eigenschaft belohnt. Eigentlich wollten wir aber, wie wir anfangs sagten, einen Rückblick halten, und da ereignet es sich wie stets bei derartigen Fällen, dass das Herz warm wird, Gefühle der Freundschaft emporsteigen und die Gedanken mehr in die Feder diktieren, als man im Grunde genommen zu sagen hätte.

Mit Gott. Dieser Leitspruch ließ uns das Werk beginnen, und er soll uns jetzt zu neuen Leistungen und Taten führen

Hundert Möglichkeiten, ein einziges Heft zu gestalten, ergeben sich. Der Raum ist aber begrenzt, strengste Auslese tut not. Da ist es eine verantwortliche und nicht leichte Aufgabe, aus dem verschiedenartigsten Material eine einheitliche Gestaltung mit bestimmtem Charakter so zu formen, wie es unserer Auffassung und Wesensart entspricht. Ist diese Arbeit erfolgt, so steht der Schriftleitung das Gesicht der künftigen Nummer vor Augen. Die näheren Anweisungen können getroffen werden!

Von der Redaktion wandert das gesamte Material, das zur Veröffentlichung bestimmt ist, in die Druckerei. Die technische Gestaltung beginnt:

Zunächst gehen die Artikel, die mit Bildern ausgestattet werden sollen, zu dem Graphiker. Hier verspürt man das ernste Bestreben, der Zeitschrift eine künstlerische Form und Linie zu geben. Wie die einzelnen Seiten der Zeitschrift wirkungsvoll aufzuteilen sind, wie die Art der Beschriftung zu den Artikeln sein soll und wie die Illustration zu einer Plauderei, einer Erzählung oder humorvollen Begebenheit

46

beschaffen sein müsste, das alles wird hier festgelegt. Liegen keine eigenen Entwürfe, sondern Bilder aus anderer Hand vor, dann werden bis ins Einzelne die beste Ausnützung und die praktische Verwendbarkeit des Materials berechnet.

Es verfließt häufig in dieses Hand- in- Hand- Arbeiten zwischen Schriftleitung und Graphiker geraume Zeit, ehe eine einzige Seite in ihren Grundlinien umrissen ist. Aber einmal kommt alles zum Abschluss, und schließlich gibt der Graphiker die Manuskripte samt ihrer Aufteilung in den Setzmaschinensaal.

Herr Reoder als Graphiker bei der Arbeit

Die Bilder und Entwürfe finden ihre besondere Bearbeitung in der Klischeefabrik. Klischieren nennt man das Verfahren, ein Lichtbild

47

auf Metall (meistens Zink) zu übertragen. Der Vorgang beruht auf chemischen Prozessen, die ähnlich wie bei einer Photographie verlaufen, nur dass es sich hier um ein Fotografieren auf lichtempfindliche Metallplatten handelt.

Die Negative eben diese dünnen Metallplatten werden auf Holzunterlagen befestigt, die gleiche Höhe mit dem übrigen Satz einer Text oder Anzeigenseite besitzen. Sie können also ohne weitere Schwierigkeiten eingebaut werden.

Man unterscheidet Hand- und Maschinensatz. Da der zweite aus dem ersten hervorgegangen ist, halten wir zunächst in der Handsetzerei Umschau. Sie erinnert an die frühesten Zeiten der Schwarzen Kunst so nennt man die Buchdruckerei und stellt ein Stück Geschichte dar.

In mittelalterlicher Zeit wurde mit dem sogenannten Holzstock gedruckt. Meister und Gesellen schnitzten in Holzplatten je nach Größe der Bücher ganze Seiten voller Buchstaben und Bilder, überstrichen sie mit Farbe und zogen sie einzeln auf Pergament oder Papier ab. Nach unseren heutigen Begriffen eine zeitraubende und mühselige Arbeit. Umwälzend auf den gesamten Buchdruck wirkte der Gedanke Gutenbergs (1400-1467 in Straßburg und Mainz), in dieses starre Verfahren größere Bewegungsmöglichkeit zu bringen. Er ging daran, jeden Buchstaben für sich getrennt auszuschneiden, setzte sie dann in Wörtern und Sätzen nebeneinander und erhielt auf diese Art und Weise genau die Seite, die vorher in einem Stück geschnitten werden musste. Früher konnte man das Material, wenn es abgedruckt war, nicht mehr verwenden, jetzt war es möglich, jeden geschnittenen

Buchstaben solange zu benutzen, bis er unbrauchbar geworden war. Von Gutenbergs Erfindung bis zur Verwirklichung des Planes, metallgegossene Buchstaben zu verwenden, war es nicht mehr ein allzu großer Schritt. Dieses System findet sich heute noch natürlich entschieden verfeinert und ausgebaut in der Handsetzerei.

In der Handsetzerei

den Setzkästen befinden sich sortiert Buchstaben in verschiedensten Schriftgraden und -arten. Flink gehen die Hände der Setzer von Fach

49

zu Fach, reihen Lettern an Lettern, von den dicksten bis zu den feinsten. Was sie da hinzaubern, kann ein Laie nicht erhaschen, ist doch ein solcher Satz heute wird er nur noch im Buchdruck, bei Formularen und besonders für die Anzeigen angewandt negativ und so gehalten, wie eine Schrift aussieht, wenn man sie gegen den Spiegel hält und dann betrachtet.

Der Stereotyper beim Erstellen einer Mater

Erst ein Abzug, hergestellt durch Walze, Farbe und Papierbogen, gibt das regelrechte Druckbild wieder und ermöglicht genaues Lesen und Prüfen. Auf einer Platte werden die Anzeigen zu einer Seite zusammengestellt, die nun einen harten Gang anzutreten hat. Sie kommt in die Stereotypie, wo Blei in Öfen brodelt, Hammer und Bürste auf ihr Opfer warten.

Gleichmäßig wird der Anzeigensatz überklopft und von der Mater, einer biegsamen, feuchten und feuerfesten Pappmasse, überdeckt.
Über das Ganze gehen nun exakte Bürstenschläge mit solcher Gründlichkeit, dass sich die Anzeigenseite in die Mater einpresst und folglich ein positives Bild liefert. Die Mater bringt man, nachdem sie getrocknet ist, in die Gießform und schüttet flüssiges Blei über sie. Dadurch entsteht die fertige Platte, die nach dem Erkalten, befeilt, besägt und zum Druck fertiggemacht wird.

Machen wir aber kehrt und wenden uns einem Raume zu, aus dem Setzmaschinengeklapper ertönt. Vor hohen Maschinen, die in ihren metallischen Teilen blitzsauber blinken, stehen Setzer, die behände auf eine Tastatur, ähnlich, derjenigen einer Schreibmaschine, tippen.
Surrend gleiten Matrizen, metallene Buchstaben, aus eisernen Rahmen herab, stellen sich wie beim Handsatz nebeneinander und sammeln sich zu einer Zeile. Diese Matrizenzeile kommt mit flüssiger Bleimischung in Berührung und prägt sich ab, wodurch eine fertige Bleizeile in Spiegelschrift entsteht.

Die erste Setzmaschine

Bleizeile an Bleizeile stoßen die Setzmaschinen in geordneter Folge ab. Eine ganze Menge, eine sogenannte Spalte, ist bald zusammen. Auch sie kann von einem ungeübten Auge nicht gelesen werden, weil sie ebenso wie der Handsatz in Spiegelschrift gehalten ist. Um sich von der Richtigkeit des Gesetzten überzeugen zu können, wird der Satz abgezogen und vom Korrektor an Hand des Manuskriptes gelesen. Dennoch kommt es auch bei der aufmerksamsten und von vielen Korrektoren erledigten Nachprüfung vor, dass Satzfehler stehen bleiben. Dieser Umstand hat einmal einen amerikanischen Millionär veranlasst, einen Preis von 100 000 Dollar für den Korrektor auszusetzen, der die fehlerlose Herausgabe eines Buches ermöglicht. Viele versuchten ihre Kunst und ihr Glück, bis heute aber gelang es keinem, die gestellten Bedingungen zu erfüllen.

Nach diesem kleinen, aber wahren Zwischenspiel, das nur die in der Tat bestehende Schwierigkeit richtigen Korrekturlesens veranschaulichen sollte, zurück zu unserem Thema und hinein in andere Abteilungen:

Der Textmetteur beim Umbruch

Das Gesetzte oder der „Satz" nimmt seinen nächsten Weg zum Textmetteur, zu Deutsch: Dem Zusammenstellen der einzelnen Seiten. Er heißt so, weil er den Satz nach den Skizzen des Graphikers zu Seiten zusammenstellt oder, fachmännisch gesagt: umbricht.

Des Weiteren hat er die Aufgabe, die nicht maschinenmäßig, sondern mit der Hand angefertigten Überschriften sowie die Klischees in den dafür bestimmten Raum einzufügen.

Zurichten einer Druckform
Die im Druck schwach erscheinenden Stellen werden mit Seidenpapier unterlegt

Hat der Metteur diese Arbeit abgeschlossen, und ist noch einmal letzte Korrektur gelesen worden, so werden die Seiten zur Druckmaschine geschafft. Hier schließt man sie je nach dem Umfang der erforderlichen Bogen sind es vier, acht oder sechzehn in einer Form zusammen. Der Drucker trifft nun in langem und oftmals schwierigem Arbeitsgang die letzten Vorbereitungen für den eigentlichen Druck. Ein Probeabzug wird gemacht und ermöglicht es, eingehende Untersuchungen über die Schönheit des späteren Druckbildes anstellen zu können. Schwach in der Wiedergabe erscheinenden Stellen hilft man durch sorgfältige Zurichtung auf dem Zylinder nach. Für klaren und deutlichen Abdruck der Klischees hat man durch Ätzen von Zurichtfolien, die ebenfalls auf dem Zylinder befestigt werden, Vorsorge getroffen. Alles in allem werden durch diese genannten Hilfsmittel, die, um voll verstanden zu werden, technische und fachliche Kenntnisse voraussetzen, gut ausgeprägte und scharfe Drucke erzielt.

Endlich naht der große Augenblick, da die Druckmaschinen zu laufen anfangen, die vielen Räder und Rädchen und Walzen in Bewegung geraten und Bogen auf Bogen in die Maschine wandern und sie fein säuberlich als Zeitschriftenblätter verlassen. Ist die Auflage durchgedruckt, was oft Tage beanspruch, so wird die letzte Etappe bis zur endgültigen Herausgabe der Zeitschrift in Angriff genommen: das Falzen, Heften und Schneiden der Druckbogen beginnt.

Der Drucker klopft die Druckform auf gleiche Höhe

Beschließen wir unseren Gang durch die Druckerei mit einem Rundblick. Stöße von Papier ragen im Lager auf, aus der Versandabteilung fahren Karren mit fertig verpackten Exemplaren. Ein Blick auf ihre Adressen besagt, dass das Feld unserer Zeitschrift sehr weit reicht und nicht vor den Grenzen des Deutschen Reiches Halt macht, es geht über sie hinweg, und zwar bis in überseeische Länder.

Der Drucker beim drucken

Aus unseren Darlegungen wird der Leser die Einsicht gewonnen haben, wie verzweigt und verästelt ein Druckereibetrieb ist und wie viele schaffende, fachmännisch gebildete Hände er beherbergt. Keine eingehende technische Schilderung gedachten wir zu geben, das wäre unangebracht und bedürfte zur Veröffentlichung eines größeren Raumes. Wir wollen zeigen, dass die Herausgabe einer Zeitschrift, die

Bei dieser Falzmaschine musste das Papier von Hand angelegt werden

nicht marktschreierisch und nicht an den Tag gebunden sein will, eine verantwortliche Sache ist.

Eine Sache, die nur erledigt werden kann, wenn alle an ihrer ideellen und mechanischen Fertigstellung beteiligten Kräfte immer wieder aufs Neue Herz und Geist, Hand und Faust einsetzen.

Soweit der Ausschnitt aus „Unserer Familie" vom Januar 1935

Gebet eines Buchdruckers

von Johann Heinrich Gottfried Ernesti 1723

Herr, allmächtiger Gott! Es ist die Druckerey eine herrliche und edle Kunst, mit welcher du die Menschen erst in der letzten Zeit begnadet, und allen Ständen, vornehmlich aber deinen Kirchen, große Hilfe und Nutzen geschaffet. Weil ich nun durch deine Gnade, solcher Kunst und Weisheit mächtig worden, so leite mich durch deinen guten Geist, liebster Gott! Dass ich mich ich derselben zu deiner Ehren, und was entweder dem allgemeinen Wesen, oder Kirchen und Schulen gut, heilsam und nützlich ist, verfertige. Du weist Herr! Dass großer Fleiß, stete Sorgfalt, genaue Wissenschaft der Buchstaben und anderen Zeichen, in allerhand Sprachen, auch ziemliche Mühe zu dieser Heilsamen Kunst erfordert wird Darum komme mir mit deiner göttlichen Gnade zu Hilfe, dass ich alles im Setzen und Drucken wohl in acht nehme, und an gebührendem Fleiß, allen Druck so viel möglich, ohne Fehler und Mängel zu verfertigen, nichts ermangeln lasse. Regiere mich, gütiger Vater! Dass ich gerne mit geistlichen wahrhaftigen und lehrreichen Sachen umgehe, und an anderer Arbeit, durch die keinem echten Christen in seinem Christentum oder Beruf geholfen oder gerathen wird, kein Belieben trage. Ach! Behüte mich, liebster Gott! Vor lügenhaften und unzüchtigen Händeln, dadurch ein Christliches Hertz geärgert und gehindert wird, dass ich solches zu setzen und zu drucken abschlage, und an meinem Ort keinen Anlaß und Gelegenheit zum Bösen gebe. Erhalte mich in steter Liebe deines Herren Wortes und Warheit , nicht weniger in einem nüchternen, treufleißigen und sorgfältigen Leben, dassadurch sowohl meine Seele als meinen Leib gebührend versorge und ein guter Arbeiter vor Dir und der erbarn Welt bis ans Ende erfunden werde, einst aber zu meinem werthesten Jesu Christo komme, und von ihm die Crone der ewigen Freude und Seligkeit erlange.

Erhöre mich, liebster Gott! Um deiner Ehr, und meiner Wohlfahrth willen

Amen!

Ein neuer Redakteur

Erneut versuchte Friedrich Bischoff die vakante Stelle selbst auszufüllen. Nach einigem Schriftwechsel mit den zuständigen Behörden verfügte am 13.12.1935 der zuständige „Landesverband Rhein-Main", dass Bischoffs Aufnahme in die Schriftleiterliste abzulehnen sei, da zurzeit im Landesverband „…kein Bedürfnis auf Erhöhung der Zahl der eingetragenen Schriftleiter…" bestünde, und empfahl Bischoff, nicht beim übergeordneten Ministerium in Berlin Berufung gegen diesen Bescheid einzulegen. Dass Friedrich Bischoff dennoch beim Berliner Ministerium vorsprach, bezeugt eine Aktennotiz vom 26.02.1936.

Friedrich Bischoff musste die Stelle des Hauptschriftleiters neu ausschreiben. Im April 1936, sechs Monate nach dem Ausscheiden von Heinrich Braach, trat Erich Meyer-Geweke, Mitglied der Neuapostolischen Kirche, diese Stelle an.

Erich Meyer-Geweke war in der Redaktion zunächst allein mit einem Redaktionssekretär, Robert Bäumert. Er schuf sich aber in kurzer Zeit einen Kreis von externen Mitarbeitern.

Neben Bischoff und Meyer-Geweke bestand der Verlag aus etwa drei bis vier weiteren Mitarbeitern, die für die Bereiche Buchhaltung und Sekretariat zuständig waren. Dazu kamen bei Bedarf zwei bis drei weitere Mitarbeiter der zentralen Hauptverwaltung der Neuapostolischen Kirche, deren Sitz sich in der Nähe des Verlagsgebäudes befand. Im Druckereibereich waren etwa vier bis sechs weitere Angestellte beschäftigt. In den folgenden Jahren bis

1945 war Friedrich Bischoff daran gelegen, dass die kirchlichen Zeitschriften ungehindert erscheinen durften. Deshalb hielt er sich mit neuen Produktionen im Buchverlag sehr zurück. Nur ein einziges Werk wurde vom Verlag noch vor 1945 herausgebracht.

Friedrich Bischoff mit seinem neuen Redakteur, Erich Meyer- Geweke

In der Zeitschrift „Amtsblatt" erschienen in loser Folge Artikel zu speziellen religiösen Fragen der neuapostolischen Glaubenslehre. Friedrich Bischoff ergänzte diese auf annähernd 300 Fragen samt ihrer Beantwortung und stellte sie zu dem mitunter als Katechismus bezeichneten Büchlein, „Fragen und Antworten" zusammen.

Büchlein „Fragen und Antworten"

Es war das letzte verwirklichte Verlagsvorhaben vor der kriegsbedingten Einstellung des Verlages 1941. Dieses Buch wurde, mit nur geringfügigen Änderungen, bald nach dem Krieg wieder herausgebracht.

Zurück zur inneren Gestaltung der Zeitschriften des Verlages. Sie belegt, mit welchen Mitteln Verlag und Kirchenleitung das ungehinderte Erscheinen aller Publikationen zu sichern versuchten.

Generell fällt auf, dass in keiner der sogenannten „Kleinen Zeitschriften" Artikel erschienen, die sich nicht in irgendeiner Weise mit dem religiösen Glaubensleben beschäftigten. Derartige Beiträge erschienen ausschließlich in der Zeitschrift „Unsere Familie" sowie im „Kalender Unsere Familie".

„Ergebenheitsbekundungen" gegenüber der sogenannten Obrigkeit begannen mit Artikeln über lohnenswerte Reiseziele in „Großdeutschland" oder zu den wirtschaftspolitischen Erfolgen der deutschen Reichsregierung im „Kalender Unsere Familie 1936".

In der Zeitschrift selbst begegnet man derartigen Inhalten erst im Jahrgang 1937 mit Artikeln zum „Führergeburtstag" am 20. April und mit Beiträgen über Wehrmachtsübungen, Marine-Ausbildungsfahrten oder Ähnliches.

Friedrich Bischoff bemerkte dazu: „Wir mussten Beiträge veröffentlichen, deren Wortlaut uns genau vorgeschrieben war. Die Tatsache dieses Veröffentlichungszwanges wie auch die Herkunft dieser Beiträge waren geheim zu halten. Unsere Leser haben diese Veröffentlichungen sogleich erkannt, sagte Bischoff und spielte dabei

Sekretär Robert Bäumert

auf die unter den Lesern verbreitete Haltung an, von der Redaktion unerwünschte, aber von höherer Stelle zur Veröffentlichung befohlene und dann auch gedruckte Beiträge in dem vollen Bewusstsein zu überlesen, dass es sich eben um erzwungene Beiträge handelte. Das Verhalten von Lesern und Redakteuren anderer Zeitungen jener Zeit war durchaus ähnlich.

Die Anzahl solcher Artikel war jedoch nicht sehr hoch. So erschienen diese Beiträge zunächst maximal in jeder dritten bis fünften Ausgabe der Zeitschrift „Unsere Familie". Die Redaktion bemühte sich auch weiterhin erfolgreich darum, einen gemäßigten Artikelstil beizubehalten.

Die nächsten eindeutig politischen Artikel erschienen erst im April und im September 1938. Mit dem Kriegsbeginn am 01. September 1939 verschärfte sich das Problem mit derartigen Artikeln für den Verlag.

Konnte die Redaktion vorher die Themen aussuchen, die aus „Alibigründen" gebracht wurden, so mussten sie nun durch genau vorgegebene Themen ersetzt werden, die in ihrem agitatorischen Stil deutlich erkennbar waren. Der Gesamtanteil dieser Artikel in einer einzelnen Zeitschriftenausgabe blieb bei etwa vier von insgesamt 40 Seiten. Dieses Vorgehen war auf verstärkten Druck seitens der Reichspressekammer zurückzuführen, dem alle Redaktionen ausgesetzt waren. Mittlerweile erschien die Zeitschrift „Unsere Familie" in knapp 40.000 Exemplaren pro Ausgabe. Den nicht in Deutschland lebenden Beziehern der Zeitschrift kam der Abdruck von Artikeln, die sich nicht mit religiösen Themen beschäftigten, unangebracht vor. Dazu kam die bei einigen Schweizer Mitgliedern der Kirche vorherrschende Kritik am autoritären Führungsstil des Stammapostels J.G. Bischoff, die sich in der Ablehnung der von ihm herausgegebenen und im Verlag seines Sohnes gedruckten Zeitschriften äußerte.

Der Ausbruch des Zweiten Weltkrieges am 01.09.1939 und die in seinem Zuge erlassenen Ausfuhrbeschränkungen bewirkten, dass der Verlag seine Zeitschriften nicht mehr ins Ausland exportieren konnte.

Das Zusammentreffen aller dieser Umstände begünstigte das Entstehen zweier Schweizer Zeitschriften, die vieles von den Inhalten übernahmen, die in den verlagseigenen Zeitschriften erschienen. Die Schweizer Zeitschriften „Brot des Lebens" und „Christi Jugend" waren als Pendants zur „Wächterstimme" und zum „Jugendfreund" konzipiert. Sie erschienen erstmals zum 01.01.1940, waren in ihrem Erscheinungsgebiet aber von vornherein auf die Schweiz beschränkt.

Im Laufe des Jahres 1941 mussten alle Zeitschriften des Verlages ihr Erscheinen einstellen. In gleichlautenden Formulierungen teilte die Verlagsleitung ihren Lesern mit:

.... die totale Kriegsführung verlangt unser aller totalen Einsatz. Diese Zusammenfassung macht es notwendig, dass unsere Zeitschrift mit dem heutigen Tage ihr Erscheinen einstellt, um Menschen und Material für andere kriegswichtige Zwecke freizumachen .....

Diese Einstellung schien aber nicht in Zusammenhang mit der bereits 1940 erfolgten Einstellungsverfügung der Reichspressekammer zu stehen. Bei dieser Maßnahme strich die Reichspressekammer allen betroffenen Zeitschriften die Papierzuteilung und erzwang so die Einstellung ihrer Produktion, ohne ein offizielles Verbot aussprechen zu müssen.

Der Hauptschriftleiter Meyer-Geweke führte noch bis zum Juli 1941 die Geschäfte des Verlages fort, immer in engem brieflichen Kontakt mit Friedrich Bischoff, der zum Kriegsdienst einberufen war, ohne in eine direkte Kampfhandlung, weder in Russland noch in Frankreich zu geraten. Danach ging Meyer-Geweke an eine Berliner Rot-Kreuz-Zeitung. Friedrich Bischoff war schon 1940 zum Wehrdienst einberufen worden und geriet im Herbst 1944 in amerikanische Gefangenschaft, aus der er erst zwei Jahre nach der bedingungslosen Kapitulation Deutschlands vom 08.05.1945 entlassen wurde. Der Verlag hatte im Juli 1941 praktisch aufgehört zu existieren, ohne dass er jemals offiziell verboten oder juristisch enteignet worden war.

Niemand wollte an die Katastrophe glauben

Friedrich Bischoff war zeitlebens nicht politisch geprägt.

Im Jahr 1933 stand er vor der großen Abwägung, der NSDAP beizutreten oder nicht. Sein Teilhaber Frank Arnau, ein Parteigegner, hatte ihn vor den bevorstehenden Folgen dieses Regierungswechsels gewarnt und die Folgen wahrscheinlich auch geahnt.

Auf der anderen Seite war es Friedrich Bischoff bewusst, dass ohne Parteimitgliedschaft keine Möglichkeit bestand, den gegebenen Auftrag zu erfüllen, die Genehmigung zur „Hausdruckerei" für die Neuapostolische Gemeinde zu erhalten. Die Verbreitung von Schriftgut jeglicher Art wäre ihm entzogen worden. Auch ist dieses Verhalten aus der Sicht des 10. Glaubensartikel der Neuapostolischen Kirche zu verstehen, der in der damaligen Fassung lautete:

Ich glaube, dass die Obrigkeit Gottes Dienerin ist uns zugute, und wer der Obrigkeit widerstrebt, der widerstrebt Gottes Ordnung, weil sie von Gott verordnet ist.

Es gab nur ein Entweder- Oder. Ob er sich richtig entschied, musste jeder für sich entscheiden.

Meine persönliche Meinung ist, ohne Mitgliedschaft in der NSDAP hätte es keine Hausdruckerei und dadurch keinen Verlag Friedrich Bischoff gegeben auch keine Zeitschrift „Unsere Familie".

Friedrich Bischoff sagte mir persönlich:

Mein Firmenteilhaber Frank Arnau, ein Gegner der neuen Regierung, der anschließend ins Ausland Emigrierte, gab mir den Hinweis das ab 1934 keine neuen Zeitschriften mehr zugelassen werden, worauf ich sofort den Erscheinungstermin der ersten „UF" auf den 17.12.1933 vorverlegte und die Zeitschrift vor dem 15.11.1933 auslieferte. So war es möglich, das neue Gesetz zu unterlaufen.

Ich habe mich persönlich mit ihm über das für Einige unverständliche Verhalten öfters unterhalten. Friedrich Bischoff war kein politischer Mensch, für ihn stand an erster Stelle die Aufgabe, seine Geschwister mit neuapostolischem Schriftgut, im Sinne der Stammapostel, zu versorgen. Bei solch einem Gespräch sagte er mir auch, dass er ungewollt Mitglied der NSFK war, also des Nationalsozialistischen Fliegerkorps.

In der Zeit als Teilhaber am „Deutschen Buchverlag", flog er gemeinsam mit seinem Geschäftspartner einen Doppeldecker, der im Besitz dieser Firma war. Diese Liebhaberei gaben sie bald wieder auf. Sie waren Mitglied im privaten DLV e.V., des Deutschen Luftsportverbandes, um den Flughafen Frankfurt – Rebstock befliegen zu können. Als dieser Verein 1937 in Nationalsozialistischen Fliegerkorps umbenannt wurde, waren sie ohne ihr Zutun NSFK- Mitglieder geworden, also einer nationalsozialistischen Organisation. Wäre man ausgetreten, hätten die neuen Machthaber nach einem vermeintlichen Vergehen gesucht und aller Aufbau der Firma wäre zu Ende gewesen.

„Es war ein ständiger Drahtseilakt, auf dem wir uns bewegten". So etwa berichtete er mir seine damalige Situation.

In einem Bericht schreibt er: Der Fortschritt im graphischen Gewerbe bewegte sich in gemächlichen Bahnen Die wirtschaftlichen Verhältnisse unseres Betriebes erlaubten uns jedenfalls nicht, nach den neuesten Erzeugnissen Ausschau zu halten Was an Neuanschaffungen nötig war, kam vom Gebrauchtmarkt. Aber die Maschinen, sorgfältig instandgesetzt und zu einem erschwinglichen Preis erhältlich, taten oft noch jahrelang ihren Dienst. Die Außenkundschaft nahm zu, man schätzte unsere Erzeugnisse, und der Betrieb wuchs. Doch ungetrübt waren diese Freuden nicht. Immer mehr machten sich die kommenden Ereignisse sichtbar. Es kam zu Einschränkungen in der Papierzuteilung, Verbrauchsmeldungen wurden verlangt, die Qualität der Arbeitsmittel nahm ab, und doch wollte niemand an die Katastrophe glauben, dass uns ein Krieg bevorstünde. Mehr und mehr wurden die Zuteilungen gekürzt. Diese Einschränkungen führten dazu, dass vorgegebene Formate bis zum Äußersten ausgenutzt wurden, um Platz zu sparen. Zum Erliegen der Produktion und der Schließung des Betriebes kam es durch „Papiermangel". In der Zeit davor hatte die Redaktion „Unsere Familie" heftige Kämpfe mit den Behörden in Berlin auszustehen. Die Tendenzzeitschriften, zu denen wir gerechnet wurden, durften nur ihre speziellen Veröffentlichungen bringen. Was in anderen Zeitschriften erscheinen konnte, durfte bei uns nicht erscheinen, ein Beispiel:

Wir hatten in jener Zeit den Bilderbogen mit einem Blumenstrauß unterlegt. Man verlangte von uns, dass dieser Blumenstrauß verschwinden müsse, da er auch in anderen Zeitschriften hätte erscheinen können.

Geheimhaltung war eine andere Aktion, die sich jedoch nicht geheim halten ließ. Wir mussten Beiträge veröffentlichen, deren Wortlaut uns genau vorgeschrieben war. Die Tatsache dieses Veröffentlichungszwanges wie auch die Herkunft dieser Beiträge waren geheim zu halten. Die meisten unserer Leser und Geschwister haben diese Veröffentlichungen sogleich erkannt und gespürt, welcher Geist der Urheber dieser Beiträge gewesen ist. Das Ende unseres Betriebes war am 5.12.1941 erreicht. Über den Betrieb und seine Einrichtung verfügten Regierungsorgane zugunsten einer auswärtigen Firma, die ausgebombt war und Regierungsaufträge zu drucken hatte. Diese Zwangsenteignung bestand bis nach dem Krieg.

Die Anfangsjahre nach dem Krieg

Den Krieg durchlebte Friedrich Bischoff bei der Luftwaffe ohne jemals selbst geflogen zu sein und nie auf Menschen geschossen zu haben. Er war in Russland und Frankreich und meist als Koch tätig. Kochen war lebenslang sein Hobby.

Am 08.07.1947 wurde Friedrich Bischoff aus der amerikanischen Kriegsgefangenschaft entlassen. Nach Frankfurt zurückgekehrt, stellte er fest, dass sich aufgrund mehrerer Brandbombeneinschläge das Verlagsgebäude in der Sophienstraße in einem sehr schlechten Zustand befand.

Allerdings hatten sich in einigen ab gelegeneren Räumen Papiervorräte erhalten, die noch aus der Vorkriegszeit stammten. So hätte Friedrich Bischoff mit der Aufnahme seiner verlegerischen oder seiner Druckereitätigkeit beginnen können, wenn er die dazu notwendigen Lizenzen besessen hätte.

In dem Entnazifizierungsverfahren von jedem Bürger war Friedrich Bischoff als Parteimitglied der NSDAP und ehemaliger Soldat nur als Minderbelasteter eingestuft und zur Zahlung einer Geldbuße verurteilt worden. Dennoch erhielt er nicht sofort eine Lizenz als Verleger.

Dessen ungeachtet benötigte die Hauptleitung der Neuapostolischen Kirche weiterhin Formulare, Adressbücher und anderes Schrifttum. Die Hauptleitung der Kirche beschloss deshalb, zunächst die am dringendsten benötigten Unterlagen auf den unzerstörten Maschinen des Verlages zu drucken, die der Verleger Friedrich Bischoff der Kirche zu diesem Zweck überließ. Es wurde in diesen Tagen und Monaten hin und her laboriert, man suchte Zeit zu gewinnen.

Alle Dinge waren im Fluss, es gab viele Möglichkeiten und keine davon entsprach ganz den Gesetzen der Besatzungsmacht. Für die Druckerei der Kirche, die mit den Maschinen des Verlages betrieben wurde, fungierte als Geschäftsführer Erich Keil, der Schwiegersohn von Paul Giese. Er war der Nachfolger und Betriebsleiter der weiterhin selbständigen Druckerei Giese, in der Friedrich Bischoff von 1926 bis 1928 gelernt hatte.

Friedrich Bischoff trat zunächst als Leiter und Inhaber der Kirchendruckerei persönlich nicht in Erscheinung. Der Maschinenbestand der Druckerei musste zum Teil neu beschafft oder erweitert werden. Zugleich mussten entsprechende Räumlichkeiten angemietet werden, in denen die ebenfalls noch einzustellenden Mitarbeiter von Verlag und Druckerei ihrer Tätigkeit nachgehen konnten.

Links Bruder Fritz Nöding und rechts der spätere Vertriebsleiter Wolfgang Weiler

Dafür wurden Investitionen von weit über 150.000 DM getätigt, und zwar u.a. für:

1. den Aufbau in Frankfurt/Main, Adalbertstraße 34, dort waren die Buchbinderei, das Papierlager, die Expedition, das Formular- und Bücherlager, sowie die Vertriebs- und Anzeigenabteilung untergebracht.
2. die Beschaffung von Maschinen, insbesondere Buchbindereimaschinen und Schriften (Bleilettern).
3. die Sicherung von erheblichen Papiervorräten, vor allem für die Zeitschriften und Bücher.
4. den Neuaufbau des Redaktionsarchivs für die Zeitschrift „Unsere Familie" und den „Kalender Unsere Familie" 1951 sowie die folgenden Jahrgänge.

Diese Investitionen waren überwiegend für die Veröffentlichungen der Kirche erforderlich und im Wesentlichen nur auf Kreditbasis möglich. Zudem unterstützen bedeutende Wechselverpflichtungen dieses Finanzierungsprogramm. Es ist anzunehmen, dass diese Investitionen in dem Zeitraum zwischen Juni und November 1948 nach der Währungsreform vom 22.06.1948 und vor dem Erscheinen der ersten Zeitschriftenausgabe der Verlagsdruckerei Bischoff am 10.11.1948, getätigt wurden. Schon während seiner Bemühungen um die Lizenzerteilung als Zeitschriftenverleger hatte Friedrich Bischoff wieder Kontakt zu Erich Meyer-Geweke aufgenommen, der nun von Berlin nach Langen, in der Nähe von Frankfurt, übersiedelte. Friedrich Bischoff und Meyer-Geweke bereiteten für die amerikanischen Behörden die Herausgabe der Verlagszeitschriften vor, die jedoch nur zögernd Lizenzen erteilten. Erst nach der Gründung der Bundesrepublik Deutschland und der Konstituierung des neuen Staatssystems konnte die Redaktion die vorhandenen Planungen auch verwirklichen. Am 05.08.1949 erschien die erste Nachkriegsausgabe der Zeitschrift „Unsere Familie" im 9. Jahrgang, herausgegeben vom Verlag Bischoff in Frankfurt/Main, Sophienstraße 75. Auf der 2. Seite der ersten Nachkriegsausgabe heißt es in einem Grußwort:

Es war uns nicht ganz leicht, die Zeitschrift wieder zu starten. Ihr werdet euch denken können, dass die Schwierigkeiten für solch ein Unternehmen in der Zeit groß sind. Wir haben sie aber überwinden können, weil wir eures Vertrauens sicher waren. So haben wir auf einer Kalkulationsgrundlage von 20 000 Abonnenten aufgebaut, um den sehr niedrigen Bezugspreis von 89 Pfennige für 2 Hefte im Monat zuzüglich der Postgebühren von 6 Pf. erzielen zu können denn wir wissen, wie schwer es den meisten unserer Geschwister fällt, auch diesen sehr niedrig gehaltenen Bezugspreis zu bezahlen.

Redaktionell betreute Erich Meyer-Geweke die Zeitschrift von seiner Wohnung in Langen aus, etwa 18 Kilometer südlich von Frankfurt. Hier stellte er als seinen Sekretär Robert Bäumert ein, der schon vor dem Krieg in der Redaktion tätig war und ihm bis zu seinem Ausscheiden ein kompetenter Mitarbeiter war.

Neben Friedrich Bischoff und Erich Meyer Geweke arbeiteten noch Stammapostel J.G. Bischoff und Gottfried Rockenfelder an den Zeitschriften mit.

Am 10. August 1949 kam die spätere Prokuristin Helene Idler in den Verlag, den sie nach dem Tod von Friedrich Bischoff als Geschäftsführerin weiterführte.

Chefsekretärin Helene Idler

Sie erlebte die Entwicklung der Zeitschrift „Unsere Familie" von Anfang an mit und sagte bei einem Gespräch: „Eigentlich war ich als Sekretärin für den Apostel eingestellt worden, habe mich aber hauptsächlich um die Buchhaltung gekümmert. In der Buchhaltung gab es lediglich zwei Schreibmaschinen. Zahlungsein- und Ausgänge wurden manuell gebucht. Ich habe mich dafür eingesetzt, dass eine Buchhaltungsmaschine angeschafft wurde und die Verlagskonten-führung umorganisiert wurde, was die Arbeit korrekter machte. Das war der Anfang, um eine ordentliche Buchhaltung für die Anforderungen der Zukunft aufzubauen."

Noch immer kann nicht von einer institutionalisierten „Redaktion" im Verlag Friedrich Bischoff gesprochen werden, auch wenn bereits drei der Vorkriegszeitschriften wiedererschienen. Meyer- Geweke schuf in kurzer Zeit einen Kreis von externen Mitarbeitern, den er straff organisierte. Abgesehen von den rein kirchlichen Themen wie Leitartikel und Gottesdienstbericht schlug er auch andere Themen vor. So verfügte er über eine große Anzahl Briefe von Kirchenmitgliedern, in denen sie über Glaubenserlebnisse und Gebetserhörungen berichteten. Diese Briefe wurden an die Mitarbeiter weitergegeben, die den Inhalt überarbeiteten und in Manuskriptform brachten. Beiträge zu anderen Themen kamen aus Fachverlagen, die teilweise auch die Klischees und Litho Vorlagen lieferten.

Der Verlag Friedrich Bischoff existierte zunächst wieder als Druckerei mit dazugehöriger Zeitschriftenredaktion. Er produzierte neben diesen Zeitschriften vor allem Gesang- und Adressbücher. Vielleicht wurde auch das eine oder andere Buch der Vorkriegsjahre neu gedruckt. Aus den zur Verfügung stehenden Quellen ist dies allerdings nicht eindeutig zu belegen. In diesen Aufbruchsjahren entwickelte sich der Verlag wieder zu dem Zeitschriftenverlag mit eigener Druckerei, der er 1935 schon gewesen war. Die Betriebseinrichtungen blieben in Mietsräumen untergebracht, wobei die Redaktion in Person von Erich Meyer-Geweke weiterhin räumlich getrennt von den übrigen Mitarbeitern in Langen blieb. Dieser Zustand änderte sich erst im Jahr 1956, als Meyer-Geweke in zusätzlich angemietete Räumlichkeiten in der Sophienstraße 75 in Frankfurt einzog.

Die Entwicklung nach 1951

Im September 1951 trat Hermann Ober in den Verlag Friedrich Bischoff als Leiter der neu geschaffenen Abteilung „Musikalien" ein. Ober hatte in Berlin und Bielefeld Musik studiert und neben seinem Studium einen Musikverlag betrieben.

Hermann Ober vor seinem tragbaren Aufnahmegerät

Als Stammapostel J. G. Bischoff von dieser Tätigkeit Obers Kenntnis erhielt, regte er eine Zusammenarbeit mit dem Verlag Friedrich Bischoff an, die ab September 1951 begann.

Hermann Ober betreute zunächst die Notendrucke für die Gesangbücher und für die im Entstehen begriffenen Chorlieder-sammlungen.

Zielsetzung der neuen Abteilung war die Versorgung der Laienchöre der neuapostolischen Kirchengemeinden mit Notensammlungen und Liedmaterial, das nach Text und Vertonung den Glaubensgrundsätzen der Neuapostolischen Kirche entsprach.

Hermann Ober vorn mit dem Tonmeister
während einer Aufnahme für eine Schallplattenproduktion

Dazu kamen die organisatorische Vorbereitung von sogenannten „Dirigentenschulungen" sowie später die Herstellung von Tonträgern. Die Anregung zur Produktion von Schallplatten im Verlag Friedrich Bischoff kam von Hermann Ober selbst. Es dauerte allerdings noch zwei Jahre, bis Friedrich Bischoff von der neuen Idee überzeugt war. Was in der Folge produziert wurde und wie genau die Geschichte dieser Abteilung innerhalb des Verlages Friedrich Bischoff weiter verlief, dazu später mehr.

Währenddessen war Gottfried Rockenfelder im Dezember 1951 aus der zentralen Kirchenverwaltung und damit auch aus der redaktionellen Mitarbeit an den Verlagszeitschriften ausgeschieden. Gottfried Rockenfelder hatte die vor dem Krieg erschienene Schrift „Was sagen die Anderen" verfasst. 1952 wurde er als Bezirksapostel ordiniert und hatte aufgrund der mit diesem Amt verbundenen Aufgaben, keine Zeit mehr für darüberhinausgehende Tätigkeiten.

Als Ersatz für Gottfried Rockenfelder trat Dr. Friedrich Fenkl als fester Mitarbeiter in den Verlag ein. Er betreute bis zu seinem Ausscheiden 1986 die „Kleinen Zeitschriften":

Amtsblatt, Wächterstimme, Christi Jugend und Der gute Hirte.

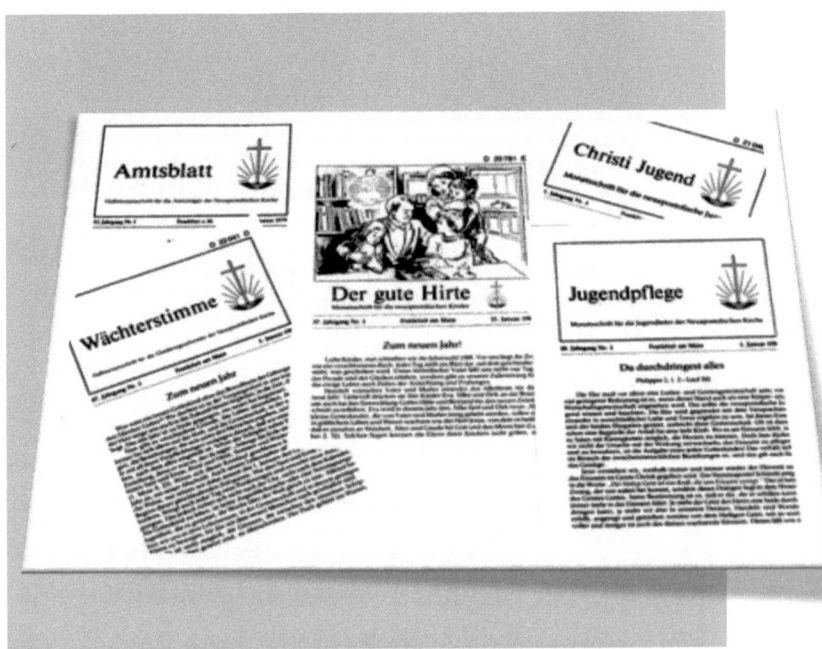

Die sogenannten kleinen Zeitschriften

Im Jahr 1952 verwirklichte Friedrich Bischoff einen von ihm schon länger gehegten Wunsch:

Eine eigene Zeitschrift für die Kinder der Neuapostolischen Kirche. Sie erschien in der ersten Ausgabe am 15.04.1952 unter dem Titel „Der Gute Hirte". Den Leitartikel jeder Ausgabe schrieb der als Chefredakteur fungierende Verleger selbst. Im „Guten Hirten" wurden vor allem glaubensbezogene Erlebnisse von und für Kinder veröffentlicht. Welche hohe Bedeutung der Verleger und sein Vater als Stammapostel der Betreuung der Kinder und Jugendlichen der Neuapostolischen Kirche beimaßen, zeigen u.a. auch die später erschienenen

Dr. Friedrich Fenkl und Betriebsleiter Willi Götze

Anleitungen für Sonntagsschullehrer, Jugendleiter und den Religionsunterricht.

Friedrich Bischoff wurde 1953 als Bezirksapostel ordiniert, sein Bezirk war Rheinland-Pfalz und ab 1972 auch das Saarland.

In dieser neuen Funktion kaufte er das Haus in der Frankfurter Sophienstraße 75 und vermietete dessen Räume an den Verlag und die Druckerei Friedrich Bischoff.

Hermann Ober, der Leiter der Abteilung „Musikalien" im Verlag Bischoff, hatte unterdessen neben der Vorbereitung der Schallplattenproduktion im Auftrage der Hauptleitung der Neuapostolischen Kirche mit den Dirigentenschulungen begonnen. Die Schulungen sollten dazu dienen, die Laiendirigenten in ihrer Arbeit zu unterstützen und ihnen die notwendigen Kenntnisse im Dirigieren zu vermitteln, die ihnen aufgrund mangelnder Ausbildung fehlten. Die Kosten hierfür übernahm der Verlag. Zur Unterstützung dieser Maßnahme entstanden noch 1955 die ersten Schallplatten-produktionen, denen bis 1964 jährlich etwa 10 bis 20 Neuerscheinungen folgten

Die ersten Neuerscheinungen im Buch- und Zeitschriftenverlag nach 1954

Im Jahr 1954 erschienen wieder alle Zeitschriften, die schon vor dem Krieg vom Verlag herausgebracht worden waren. Bereits seit 1951 wurde jedes Jahr wieder der „Kalender Unsere Familie" produziert. Daneben stellte der Verlag Gesangbücher, Adressbücher und Formulare her. Wirtschaftlich standen die Druckerei und der zugehörige Verlag wieder auf dem Vorkriegsniveau.

Biblische Geschichte

Der Verlag legte auch Bücher neu auf, die schon vor dem Krieg als Ganzes oder als Fortsetzungsgeschichte in den Verlagszeitschriften erschienen waren. 1937 hatte Friedrich Bischoff die Rechte am „Ecce Homo", einer Erzählung von Gustav Adolf Müller, erworben.

Von Erich -Meyer Geweke ergänzt, erschien das Buch „Der große Meister" im Juli 1953. Das erste wirklich neue Verlags-produkt wurde 1954 aufgelegt: Der Zeitschriftenredakteur Dr. Friedrich Fenkl hatte den Text zu einer „Biblischen Geschichte" verfasst, wie sie dem Verständnis des neuapostolischen Glaubens entsprach

Ein weiteres wichtiges Datum in der Verlagsgeschichte markiert der 01.01.1955. Mit der „Our Family" wurde erstmals eine fremd-sprachige Zeitschrift im Verlag Friedrich Bischoff herausgegeben. Sie erschien monatlich und entsprach ansonsten in Format und Auf-machung fast ihrem deutschsprachigen Pendant. Dazu wurde 1957 Günter Köhler, der lange Zeit in Südafrika gelebt hatte und ein klassisches Englisch beherrschte, eingestellt.

Im April 1956 übernahm Friedrich Fenkl als Chefredakteur die Zeitschrift „Wächterstimme" und im Mai 1956 die Zeitschrift „Der Jugendfreund"

Dass dem Verlag Friedrich Bischoff trotz der engen Anlehnung an die Neuapostolische Kirche auch Fehlschläge nicht erspart blieben, zeigt eine Vierteljahresschrift für die Chöre der Neuapostolischen Kirche. Es erschien nur eine Ausgabe. Mangels Leserinteresse musste sie eingestellt werden.

Neben kleineren Broschüren erschien im Jahr 1958 nur noch ein einziges größeres Werk im Verlag Friedrich Bischoff. Der ehemalige Mitarbeiter Bezirksapostel Gottfried Rockenfelder, verfasste die „Geschichte der Neuapostolischen Kirche". Dieses war das erste Werk, dessen Thematik sich auf die gesamte Kirche bezog

Geschichte der Neuapostolischen Kirche

In seiner in den 1960er Jahren herausgegebenen Erzählungen „Apostel Paulus" schildert Dr. Ernst Wölk Leben und Wirken des Gottesmannes in drei Büchern: „Saulus in Tarsus", „Paulus in Jerusalem" und „Paulus der Apostel". Die drei Bücher waren einzeln erhältlich.

Der Grosse Meister

Apostel Paulus

Von Dr. Ernst Wölk stammt auch der Text für „Die Bibel in Bildern". Das Werk ist eine Darstellung von über 100 Ereignissen aus dem Alten und Neuen Testament mit Holzschnitten des Dresdener Kunstprofessors Julius Schnorr von Carolsfeld (1794- 1872)
Wie zuvor beschrieben entwickelte sich der Druckereibetrieb mit Zeitschriftenredaktion immer mehr zum Zeitschriftenverlag.

Die Bibel in Bildern

Nach 1955 wurde er zum Zeitschriften- und Schallplattenverlag, in dem auch Bücher und Broschüren erschienen. Die gesamte Verlagsproduktion, mit Ausnahme der Schallplatten, entstand in der hauseigenen Druckerei.

Die Zahl der neu produzierten Schallplatten betrug im Durchschnitt 10 bis 15 Titel pro Jahr.

Im Buchverlag kam die Zahl der tatsächlichen Neuerscheinungen bis 1962 auf insgesamt nur acht Titel.

Wolfgang Weiler (links) Leiter der Vertriebsabteilung
Hermann Ober, (rechts) Leiter der Musikabteilung

Alle anderen Titel, die das Verlagsverzeichnis nennt, waren entweder schon vor dem Krieg als Ganzes oder als Fortsetzungsgeschichte in einer Zeitschrift des Verlages erschienen.

Dabei muss immer wieder betont werden, dass die Auflagenhöhe der Schallplatten bei etwa 500 bis 1.000 Exemplaren, die der Bücher und Broschüren aber bei etwa 10.000 bis 15.000 Exemplaren lag. Von Auflagenhöhen der Zeitschriften wird später noch berichtet.

Friedrich Bischoff sorgt für die Blinden

Wächterstimme in Blindenschrift,
gründet die Blindenhörbücherei
und übernimmt alle Kosten.

Friedrich Bischoff wollte so vielen Gotteskindern wie möglich das neuapostolische Schrifttum zugänglich machen. Aus diesem Grund veranlasste er schon in den sechziger Jahren die Herausgabe der „Wächterstimme" in Blindenschrift, die seitdem an die nicht sehenden Geschwister verschenkt wurde.

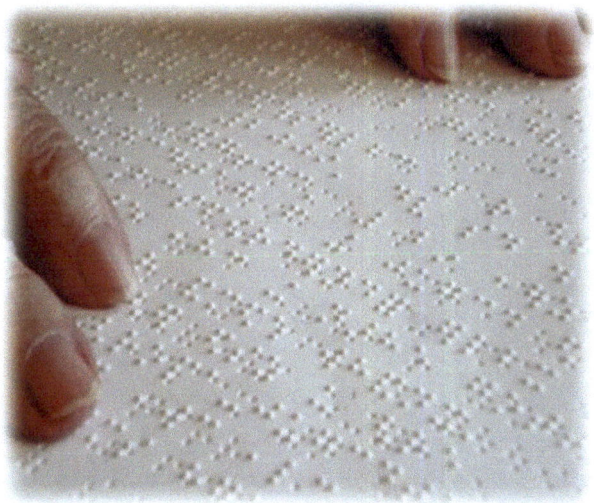

Die Wächter-stimme gibt es schon seit 60 Jahren in Blindenschrift

Weil dadurch aber nur ein kleiner Kreis der sehbehinderten Gotteskinder erfasst werden konnte, beauftragte Apostel Bischoff

90

Anfang 1974 Brüder der Gemeinde Mainz, zusammen mit jugendlichen Geschwistern in den Räumen unter der Kirche ein Tonstudio auszubauen und einzurichten; um dort Tonbänder und Kassetten mit Beiträgen aus den neuapostolischen Zeitschriften zu besprechen und sie an blinde und bettlägerige Geschwister zu versenden. Mit Elan gingen die Geschwister unter Leitung des Jugendleiters, Priester Joachim Zocher, ans Werk.

Aufnahmen für ein Blindenhörbuch

Umfangreiche Arbeiten mussten erledigt werden, bis in den Kellerräumen ein schalldichtes Studio gebaut und darin die Tonaufnahmen- und Vervielfältigungsgeräte aufgestellt waren. Im Mai 1974 wurden die ersten Probebänder besprochen. Dafür standen zum Start ein selbst gebautes Mischpult sowie jeweils zehn

Tonbandgeräte und Kassettenrekorder zur Verfügung. Waren zu Beginn 80 Geschwister mit Tonträgern versorgt worden, stieg die Zahl der Empfänger in den nächsten Jahren rasant: 1984 waren es 800, 1989 bereits 1 300. Um diese Massenproduktion bewältigen zu können, wurden nicht nur leistungsfähigere Aufnahmegeräte und mehr Überspielgeräte angeschafft, 1979 musste auch das zu klein gewordene Studio erweitert werden. Wieder werkelten die Brüder im Keller der Kirche und schufen einen den Anforderungen einer modernen Technik entsprechenden Raum. Hinzu kam in einem Nebengebäude ein Versand- und Büroraum. Denn inzwischen hatte sich ein reger Schriftverkehr mit den betreuten Geschwistern ergeben; außerdem mussten hunderte Tonträger verpackt und adressiert werden. Neun große Postsäcke, davon einen für ausländische Sendungen, lieferten die Mitarbeiter der Blindenhörbücherei alle vier Wochen beim Postamt ab. Der Heimgang von Priester Zocher 1990 führte zu einer Veränderung in der Leitung der Blinden- Hörbücherei.

Beim Umbau der Mainzer Kirche 1992 erhielt das Aufnahmestudio eine moderne Ausrüstung. In Mainz wurde seitdem jedoch nur noch das Mutterband besprochen, Vervielfältigungen und Versand besorgte der Verlag Friedrich Bischoff von Frankfurt/Main aus.

Nahezu unverändert blieb jedoch der Ablauf der Aufnahme. Bezirksapostel Bischoff hatte zu Beginn unter den Jugendlichen die Sprecher nach Aussprache, Betonung und Stimmvolumen ausgesucht. Wenn die von der Redaktion der Zeitschrift „Unsere Familie" ausgewählte Texte- als Hauptbestandteil jeweils ein Bericht über einen vom Stammapostel gehaltenen Gottesdienst- in Mainz eintreffen, beginnt die Feinarbeit: die Aufbereitung des Lesematerials und die auf die Sekunde genaue Messung der „Lauflänge" jedes einzelnen Beitrages und der zwischen die Lesung eingespielten Musikstücke, denn die Kapazität des Tonträgers soll voll genutzt werden. Diese Vorbereitung nimmt ein bis zwei Wochen in Anspruch. Danach werden die zu lesenden Beiträge an die Schwestern und Brüder verteilt, Besonderheiten erörtert und die Termine festgelegt. Wenn die Sprecher dann zur Aufnahme ins Studio kommen, haben sie

Blick in das Blindenhörbuchstudio

daheim die ihnen zugeteilten Texte laut lesend fleißig geübt. Sechs bis acht Stunden dauert es in der Regel, bis das „Mutterband" mit einer Laufzeit von zweimal 45 Minuten besprochen ist. Weitere sechs bis acht Stunden sind nötig, um eine Digital-Kassette aufzubereiten. Danach erfolgt das kritische Abhören der Kassette mit Löschung von Schalt- und Nebengeräuschen sowie dem Korrigieren von eventuellen Fehlern. Im nächsten Schritt werden zwei Kopien des Master-Digitalbandes zum Bischoff- Verlags gesandt. Nach der Erstellung des Inhaltsverzeichnisses ist die Arbeit für die Mainzer Geschwister getan. Im Verlag werden die Bänder nach einem erneuten Abhören zur Herstellung freigegeben. Ebenso übernimmt die Abteilung Recht im Bischoff-Verlag die Anmeldung der auf dem Band verwendeten Musiktitel bei der GEMA. Vervielfältigung und Versand der Einzelkopien übernimmt der Verlag.

Nicht nur in Deutschland und in deutschsprachigen Ländern wie Österreich und die Schweiz sind die von der Blindenhörbücherei betreuten Geschwister zu Hause. Tonträger in Deutsch gehen auch nach Nord- und Südamerika, nach Südafrika, auf die Kanarischen Inseln und nach Neukaledonien. In zunehmendem Maß besteht auch Bedarf an Bändern in Englisch.

Eine besondere Würdigung ihrer Arbeit erfuhren die Mitarbeiter der Blindenhörbücherei im November 1980, als Stammapostel Hans Urwyler das Aufnahmestudio besichtigte. Auf seine Anregung hin wurden zeitweise auch Kassetten in französischer Sprache hergestellt; dazu reisten jeweils Geschwister aus Frankreich unter Leitung des Apostels Alain Dubois nach Mainz. Auch ein Fernsehteam des Südwestfunks interessierte sich 1985 für die Blindenhörbücherei; der aufschlussreiche Film wurde zweimal im Vorabendprogramm gezeigt.

Auch Helfer in der Not.

Friedrich Bischoff hat oft Geschwistern in Notlagen, mit Rat und finanziellen Mitteln beigestanden. Als die Hauptstadt Berlin durch die sowjetische Besatzungsmacht zu einer „Inselstadt" wurde, hat Friedrich Bischoff dafür gesorgt, dass neuapostolische Kinder aus Westberlin auf seine Kosten in dem von ihm betreuten Bezirksapostelbezirk in Gastfamilien einen Erholungsurlaub machen konnten.

Kinder bei der Ankunft in unserer Kirche Frankfurt- West

Ebenfalls konnten Kinder von Berlin in Bad Reichenhall im Kinderheim „Sonnenbichel", einem Kinderheim mit neuapostolischer Führung, einen Erholungsurlaub genießen. Dies nur als ein Beispiel für manche Hilfestellung.

Begrüßung und Verteilung an die Gasteltern

Fremdsprachigen Produktionen nach 1959

Die nächste wichtige Produktion im Bereich der fremdsprachigen Verlagszeitschriften war die englische Ausgabe der Zeitschrift „Wächterstimme". Sie erschien erstmals am 15.10.1959, und zwar, ebenso wie die deutsche Ausgabe, halbmonatlich. Ihr folgten ab dem 01.01.1960 je eine englische Ausgabe des „Jugendfreund", des „Guten Hirten" und des „Amtsblattes", die unter den Titeln „Youth Guide", „The Good Shepherd" und „Word of Live" erschienen. Im April 1961 folgten dann als letztes die englischen Ausgaben der „Anleitung zur Sonntagsschule und des Jugendfreundes.

Damit erschienen Mitte 1961 alle Zeitschriften des Verlags auch in einer englischen Ausgabe. Dazu kam im Laufe der sechziger Jahre noch eine Ausgabe der „Wächterstimme" in Blindenschrift. Gedruckt wurde diese allerdings nicht in der Verlagsdruckerei, sondern der „Verein zur Förderung der Blindenbildung e.V." in Hannover stellte etwa 50 Exemplare dieser Ausgabe her.

Bei der Betrachtung der Verlagsgeschichte und den Grundzügen seiner Produktion muss immer wieder bedacht werden, dass der Verleger und seine Mitarbeiter neue Projekte zunächst nur vorschlagen bzw. zur Diskussion stellen konnten. Erst wenn der jeweilige Stammapostel dem neuen Werk zugestimmt hatte, wurde es produziert. Trotzdem war der Verlag Friedrich Bischoff ein wirtschaftlich selbständig geführtes, formell von der Kirche unabhängig betriebenes Unternehmen. Die Hauptarbeit der

Redaktionsmitglieder bestand in der Erstellung von vier Halbmonats- und drei Monatszeitschriften, die zudem noch in einer englischen Parallelausgabe erschienen. Dabei bestand die Redaktion nur aus etwa vier bis sechs Mitarbeitern, zu denen nach Bedarf etwa ein Dutzend freie Mitarbeiter als Bearbeiter des eingesandten Glaubenserlebnisses und als Übersetzer kamen. Am 06.07.1960 starb der Stammapostel J.G. Bischoff, der Vater des Verlagsinhabers. Auf den Verlag und seine Produktion hatte dieses Ereignis keinen Einfluss. Weder brachen Kontakte oder Verträge, noch änderte sich etwas an dem schon bis dato engen Verhältnis des Verlages zur Hauptleitung der Neuapostolischen Kirche. Das einzige sichtbare Ergebnis blieb, dass die Hauptleitung der Kirche, personifiziert im neuen Stammapostel Walter Schmidt, ihren Sitz nach Dortmund verlegte. Im September 1960 trennten sich Friedrich Bischoff und Erich Meyer-Geweke. Letzterer hatte fast von Anfang an die Zeitschrift „Unsere Familie" und ihre englische Ausgabe mitgeprägt.

Nachdem Friedrich Bischoff vorübergehend die Redaktion selbst übernommen hatte, trat zum 23.Oktober 1961 Udo Uterwedde als Redakteur in den Verlag ein. Er kam aus dem Kreis der externen Mitarbeiter, die Erich Meyer-Geweke zur Umarbeitung von Geschwisterbriefen in druckreife Erlebnisberichte angeworben hatte. Unter der einfühlsamen Anleitung des Fachmannes Meyer–Geweke hatten sich wahre Talente entwickelt, ohne die die damals ausschließlich auf glaubensbezogene Themen begrenzten Beiträge überhaupt nicht denkbar gewesen wären.

In den 60er Jahren stand der Verlag endgültig nicht mehr im Schatten seiner Druckerei. Der Verlag Friedrich Bischoff betreute sieben Zeitschriften in mehrsprachigen Ausgaben. Zwar kann in dieser Zeit noch nicht von einer umfangreichen Buchproduktion gesprochen werden, doch begann sich dieser Verlagsbereich deutlich auszuweiten. So erschienen seit 1970 eine insgesamt dreibändige Orgelschule und mehrere Broschüren über Gesangstechnik und Ähnliches. Dazu kam nach 1973 eine neue Chorliedersammlung, die der Stammapostel weltweit eingeführt sehen wollte. Als Udo Uterwedde nach über elfjähriger Tätigkeit Ende 1972 in den Ruhestand trat, übernahm Hellmut Wernher die Redaktion nebenberuflich. Der bei einer großen, in Mainz erscheinenden Tageszeitung angestellte Parlamentsjournalist redigierte und gestaltete die Zeitschrift während seiner Freizeit zu Hause in Oppenheim, die Verbindung zum Verlag hielt er durch

regelmäßige Besuche aufrecht. Als Pläne reiften, eine Zentralredaktion aufzubauen und alle Zeitschriften unter einem Dach zusammenzufassen, gab er am 31.12.1979 diese Tätigkeit auf, da das nur hauptberuflich bewältigt werden konnte.

Hellmut Wernher 1980

Neue Technik in der Buchhaltung

Damit die Buchhaltung von Verlag und Druckerei den Erfordernissen des wachsenden Rechnungswesens standhalten kann, fand auch im Hause Bischoff der Computer Einzug.

Im Jahre 1972 stellte Friedrich Bischoff seinen Neffen Ernst Bischoff, den Sohn seines früh verstorbenen Bruders Ernst, zur Einführung einer Betriebsabrechnung ein.

In dem Lebensbild von Johann Gottfried Bischoff steht unter anderem:

Am 31. März 1909 wurden Margarethe und Johann Gottfried Bischoff der erste Sohn geboren, der auf den Namen Friedrich getauft wurde, den aber alle später Fritz nannten. Ein Jahr später, am 25.April 1910, kamen dann die Zwillinge Ernst und Otto zur Welt. Aber die Freude über die Geburt dieser beiden Söhne wurde bald vom Leid überschattet, denn Otto Bischoff wurde schon am nächsten Tag in die jenseitige Welt abgerufen.

Doch Fritz und Ernst wuchsen zu zwei hübschen, lebhaften Buben heran. Ernst erkrankte im Alter von acht Jahren an einer schweren Grippe mit Hirnhautentzündung. Er überlebte, behielt aber eine halbseitige Lähmung zurück, die sein ganzes Dasein überschattete.

Ernst hatte bei dem älteren Sohn Friedrich in der Druckerei gearbeitet und in Frieda, der Tochter des Bischofs Vorher, eine liebevolle

Frau gefunden und geheiratet. Die Lähmungserscheinungen, die bei Ernst, nach der im Kindesalter erlittenen schweren Grippe mit nachfolgender Hirnhautentzündung aufgetreten waren, hatten sich nicht verloren, sondern im Gegenteil immer mehr zugenommen. Der jüngste Sohn des Stammapostels ging am 4. Mai 1948 in die jenseitige Welt.

Johann Gottfried Bischoff mit Frau Margarethe und den beiden Söhnen
Friedrich und Ernst

Frieda, die Frau des gerade in die Ewigkeit gezogenen Ernst, war in anderen Umständen. Am 3. September 1948 kam ein Sohn zur Welt, der den Namen seines verstorbenen Vaters erhielt, Ernst. Er ist der einzige, der den Namen Bischoff weitervererbt, denn die Kinder der Familie Friedrich Bischoff sind Mädchen.

Friedrich Bischoff war darauf bedacht, dass sein Neffe Ernst, in das gleiche Gewerbe einsteigt, das auch sein Vater ausführte. Ernst erlernte zunächst das Druckerhandwerk bei der Druckerei Wurm in Frankfurt. Daran schloss sich die Ausbildung zum Kaufmann im Zeitungs- und Zeitschriftenverlag im Druck- und Verlagshaus Frankfurt am Main GmbH, Verlag der Frankfurter Rundschau, an.

Ernst Bischoff berichtet:

Nach Abschluss der Lehre blieb ich noch bis zum 31.08.1970 als kaufmännischer Angestellter dort. Schwerpunkt meiner Tätigkeit war die Betriebskostenrechnung (Kostenstellenrechnung, Kostenträgerrechnung etc.).

Vom 1.01.1972 bis 31,12.1971 arbeitete ich im „Polygraph Verlag" als Herstellungs- Assistent", eine Tätigkeit, die die technische Seite des Buchdruckerberufs mit den kaufmännischen Kenntnissen sehr schön verbunden hat. Das war ein gutes Fundament für die Zukunft. Am 02.01.1972 begann die Tätigkeit bei meinem Onkel Fritz im Verlag, die nach über 40 Jahren zum 31.03.1013 endete.

Ernst Bischoff 1980

Zu seinem 40.jährigen Betriebsjubiläum schrieb Ernst Bischoff:

Mein Onkel Fritz gründete den Verlag Friedrich Bischoff im Jahre 1932, also vor 80 Jahren. Nach 40 Jahren, am 2.01.1972, trat ich im Alter von 23 Jahre in den Dienst des Hauses ein, das damals noch in der Sophienstraße 75 ansässig war. Meine Aufgabenstellung hieß, eine Kostenstellen- und Kostenträgerrechnung (Betriebsabrechnung) für Druckerei und Verlag einzuführen.

Das habe ich erfolgreich umsetzen können und es freut mich, dass die damals gelegten Grundlagen sich bis heute (zumindest in Teilen) in der Kostenrechnung wiederfinden.

Schon 1972 gab es Computertechnik im Verlag. Eine „Burroughs E 6000" stand dem Vertrieb, der Buchhaltung und der Kostenrechnung zur Verfügung. Ein Ungetüm mit viel Mechanik und der „immensen" Kapazität von 400Bit Hauptspeicher! Da konnte man die aufgefädelten Ferritkernchen noch mit bloßem Auge sehen. Natürlich war das nur der Arbeitsspeicher, die „Massen-Daten" wurden extern auf Magnet-Kontenkarten gespeichert. Das waren Kontenkarten aus Karton, auf die auf der rechten Seite drei Magnetstreifen eingebracht waren, sozusagen wie ein eingearbeitetes Tonband. Darauf waren z.B. bei Debitorenkonten der Name und Anschrift des Kunden sowie sein Soll, Haben und der Saldo gespeichert. Bei jeder Buchung wurden diese Daten fortgeschrieben und der letzte Stand wieder festgehalten. Somit war die Anzahl der Kundenstammsätze praktisch unbegrenzt, man musste eben nur die entsprechende Anzahl Kontokarten haben (für jeden Kunden mindestens eine) und den Platz zur Aufbewahrung (1.000 Kontokarten sind ein Stapel von etwa 40 cm Höhe, 10.000 sind dann 4 Meter hoch usw.)

Der Datenzugriff erfolgte manuell: Karte raussuchen, am System zur Verarbeitung vorstecken und nach erfolgreicher Buchung wieder zurücksortieren. Was unsere heutigen Systeme im Millisekunden

Bereich erledigen, dauerte damals Minuten.

Die Maschine konnte auch Lochkarten verarbeiten, mit diesem Medium wurde die Betriebsabrechnung gemacht. Etwa um 1975 erklärte uns die Firma Burroughs, es gebe für die Maschine bald keine Ersatzteile mehr und wir müssen bei ihnen etwas Neues kaufen. Unser damaliger Buchhaltungsleiter Otto Schulz und ich waren uns einig, dass wir keine Maschine aus diesem Hause mehr haben wollten, denn sie war doch sehr störanfällig gewesen. So haben wir uns am Markt umgesehen und wurden bei IBM fündig. Als ich Onkel Fritz die Vorzüge der neuen Technik und den geringen Platzbedarf mit großer Begeisterung vortrug, meinte er: „Ja, ja, alles wird kleiner und feiner. Eines Tages geht der Herr Ernst mit einem kleinen Kästchen in der Hand dreimal um den Häuserblock, und die Buchhaltung ist gemacht."

Und wie sieht es heute aus? Unsere Handys sind doch vielfach schon mehr Computer als Telefon, und wenn man das so betrachtet, könnte man die damalige Aussage fast als eine Prophezeiung bezeichnen.

Des neue IBM System /3 arbeitete nicht mehr mit Lochkarten und schon gar nicht mit Magnetkontenkarten, es gab 9-Zoll-Disketten zur Datenerfassung und Festplatten für die Datenspeicherung. Da ich mit der Betriebsabrechnung ohnehin sehr viel mit dieser Maschine arbeitete, hatte ich mich auch darum zu kümmern. Das ging dann bis in die Programmierung hinein. So kam ich zur EDV.

Um 1977 hat die Post den Dienst der Zeitschriftenbeanschriftung eingestellt und die Verlage mussten das selbst machen. Die Adressen waren bei der Post in Adrema-Plättchen geprägt und mussten somit

von Hand in das System erfasst werden (nicht mit „automatischer

Datenübergabe") Das wurde von einem Datenerfassungsdienstleister

erledigt. Die Umstellung löste bei unseren damaligen

Versandmitarbeitern manche Sorge aus, ob das mit dem neuen System

auch alles funktioniert. Nach den ersten Sendungen meinte dann eine

der älteren Mitarbeiterinnen, eine waschechte Berlinerin, auf meine

vorsichtige Frage, wie sie denn zurechtkäme: „Och Mönsch, Herr

Bischoff, dett iss knorke!"

Also war's noch mal gut gegangen. Schließlich hatte ich irgendwo

gelesen, es gäbe drei Methoden, einen Betrieb zugrunde zu richten:

a) mit Glückspielen das geht am schnellsten,

b) mit leichten Mädchen das sei am schönsten, oder

c) mit EDV das sei am sichersten.

Zugrunde richten war ja nicht die Aufgabenstellung.

Ende 1981 / Anfang 1982 kam der Umzug in die Gutleutstraße. Für

die EDV zogen damit die Bildschirme ein, die Maschine war eine

IBM/38, aus der in späteren Jahren das System AS/400 wurde. Auch

das war eine Umstellung in den Arbeitsabläufen, immer mehr zog die

Elektronik am einzelnen Arbeitsplatz ein.

1984 wurde das Kirchenadressbuch der NAK auf EDV gebracht, dass

man bisher im Blei- bzw. Fotosatz herstellt hatte. Die Datenhaltung in

der EDV und daraus resultierende Sortiermöglichkeiten und die

automatische Erstellung eines Inhaltsverzeichnisses waren gewaltige

Fortschritte in dieser Zeit. Datenübertragung zur Druckerei gab es noch nicht, also wurden die Seiten des Buches auf großformatiges Tabellierpapier ausgedruckt und mit der Reprokamera aufgenommen. Die Datenanbindung kam erst später.

Um 1986 gab es den ersten PC im Verlag, die „sagenhafte" Festplattenkapazität von 40 MB konnte vom damaligen Betriebssystem DOS noch nicht verwaltet werden. Die Platte musste auf 30+10 MB partitioniert werden.

Ende 1987 ging Onkel Fritz in die Ewigkeit, und die Betriebe wurden seinem Testament entsprechend von der Kirche übernommen. Auch das brachte manche Veränderung in den Abläufen mit sich.

1989 stellte IBM für das System AS/400 eine "Office-Anwendung" zur Verfügung. In der Setzerei war man schon länger vom Blei weggekommen und ist elektronisch geworden. Die AS/400 hielt mit ihren Bildschirmen Einzug in die Redaktion, und so konnte sie die erfassten Textdaten zunächst über Disketten, später über eine Datenleitung an die CRTrioic der Setzerei (PreMedia) übergeben. Der Setzer musste nicht mehr das Papiermanuskript des Redakteurs abtippen, auch wieder ein schöner Fortschritt.

Ebenfalls in 1996 löste „Verlag 2000" als Standardsoftware für den Zeitschriftenvertrieb die seitherig genutzten Eigenanwendungen ab.

Um diese Zeit begannen sich in den Druckereien mit Apple, MAC- und QuarkXPress Systeme zu etablieren, die auch für die Redaktionsarbeit Komfort boten. Diese Systeme zogen auch bei uns in der Redaktion ein, man brauchte die „komischen AS/400-Bildschirme" dort nicht mehr.

1998 hielt ein neues Buchhaltungssystem (MAS90, später Frida, heutiges OXAION) Einzug. An den Arbeitsplätzen in den Abteilungen Buchhaltung, Druckereibüro, Vertrieb, Controlling und Neue Medien wechselten die „green- Screens" der AS/400 auf PCs. Damit eröffneten sich Möglichkeiten für Word, Excel und PowerPoint, die Datenhaltung lag auf der AS400, die dafür ein spezielles Server-Modul bereitstellte. Weitere Entwicklungen wie OPAS-G/ Heiller-Media- Manager zur Medienarchivierung in Druckerei und Redaktion, Lotus Notes für E-Mail und Kommunikation, Image-plus-400, das spätere IBM-OnDemand, zur elektronischen Formulararchivierung (Rechnungskopien, Buchhaltungslisten etc.) usw. folgten, ebenso wie Internetanbindung und WEB. Auftritt. Die einzelnen Jahreszahlen lassen sich gar nicht genau festhalten, die Entwicklung war und ist einfach rasant.

*Übrigens ist der Begriff „**EDV**" im Verlag durch meinen langjährigen Bereichsleiter Bernd Dörfelt mit einer Doppelbedeutung belegt worden:*

„Elektronische Daten Verarbeitung"

und

„Ernst der Vielseitige".

Na ja mal sehen, was die nächsten 40 Jahre so bringen?

Neue Schwerpunkte nach 1975

Im Jahr 1975 gab der nunmehr über 80-jährige Stammapostel Walter Schmidt sein Amt an seinen Nachfolger Ernst Streckeisen aus der Schweiz weiter. Diese Tatsache zeigte größere Auswirkungen auf den Verlag als der Amtswechsel des Jahres 1960.

Viele Jahre hatte der Leiter der Verwaltung in Frankfurt am Main, Bischof Weine in enger Zusammenarbeit mit dem Verlag die Formulare und Vordrucke der Neuapostolischen Kirche redigiert. Nach dem Heimgang des Bischofs bildete Stammapostel Streckeisen am 11. Juni 1976 ein Gremium, dem Bezirksapostel Karl Kühnle als Vorsitzender und die Bezirksapostel Friedrich Bischoff, Robert Higelin und Hans Urwyler angehörten. Das Gremium hatte den Auftrag, den Verlag in seiner Arbeit zu unterstützten und die Zusammenarbeit aller Apostel mit dem Verlag zu fördern und auszubauen. Damit wurde die Aufgabe, die Bischof Weine vorher erfüllte, erweitert.

Das nächste wichtige Ereignis unter dem amtierenden Stammapostel Streckeisen war die Vereinigung der Schweizer Kirchenzeitschriften mit denen des Verlages Friedrich Bischoff. Jeweils mit den Ausgaben vom 15.12.1977 stellten diese ihr Erscheinen ein. Einzig der Titel der Schweizer Zeitschrift „Christi Jugend" lebte fort. Der im Verlag Friedrich Bischoff erscheinende „Jugendfreund" übernahm ab 01.01.1978 diesen Titel. Zugleich erschienen französischsprachige Ausgaben einzelner Kirchenzeitschriften, die nun alle im Verlag Friedrich Bischoff hergestellt wurden.

Man kann die Amtszeit des Stammapostels Streckeisen mit der des zweiten Stammapostels H. Niehaus von 1905 bis 1930 vergleichen.

Nach seiner Amtsübernahme am 18.11.1978 hat Stammapostel Urwyler das von Stammapostel Streckeisen berufene Gremium neu besetzt. Sie bestand nun aus den Bezirksaposteln Karl Kühnle, Friedrich Bischoff, Richard Fehr und Klaus Saur. In unregelmäßigen Abständen kamen die Apostel zusammen, um über Fragen zu beraten, die mit den Verlagsaufgaben zusammenhingen, und um Bezirksapostel Bischoff in seiner Arbeit zu unterstüttzen. Diese Zusammenarbeit erwies sich als äußerst segensreich.

Mit diesem Gremium wurde zur gleichen Zeit eine „Arbeitsgruppe Musik" eingerichtet, die ebenfalls aus vier Mitgliedern bestand, sowie Hermann Ober, dem Leiter der Abteilung Musikalien im Verlag Friedrich Bischoff. Die Arbeitsgruppe Musik förderte, auch gegenüber den übrigen Aposteln der Neuapostolischen Kirche, die Verbreitung der neuen Chorliedersammlung.

Nach 1977 berichtete der Verlagsfotograf Fritz Idler in reich bebilderten Bänden von den großen Fernreisen des Stammapostel Streckeisen Diese „Reiseberichte" lehnten sich in Format und Gestaltung stark an die Kalender „Unsere Familie" an. Von den ersten fünf dieser Reiseberichte wurden pro Ausgabe über 35.000 Exemplare hergestellt und zu 80 Prozent auch verkauft.

Bei den nach 1983 erschienenen Reiseberichten sank die Auflage, wohl aufgrund einer Marktsättigung, auf 10000 bis 20000 Exemplaren.

Auch die Jahre 1975 bis 1978 waren eine Phase der Zentralisierung des Schrifttums an einer Stelle. Stammapostel Urwyler setzte diese Arbeit weiter fort. Noch unter der Führung von Stammapostel Streckeisen plante die zentrale Kirchenverwaltung, die ihren Sitz nun in Zürich hatte, die Einführung einer Zentralredaktion im Verlag Friedrich Bischoff, die alle Zeitschriften betreuen sollte.

Fotograf und Verfasser der Reiseberichte und dieses Buches

In Südafrika, Indonesien und Südamerika erschienen seit dem Neubeginn nach dem Krieg unter der Bezeichnung „Our Family", „Ons Familie", „Keluarga Kita" und „Nuestra Familia" Zeitschriften in Englisch, Afrikaans, Indonesisch und Spanisch, die ihren Inhalt aus der deutschsprachigen Ausgabe „Unsere Familie" bezogen. 1962 kam „Nossa Familia" in portugiesischer Sprache hinzu, 1977 erweiterte „Notre Famille" in französischer Sprache die internationale Reihe die Familienzeitschriften,

Die Zeitschrift „Unsere Familie" in mehreren Sprachen

Stammapostel Hans Urwyler verwirklichte 1979 die Schaffung einer Zentralredaktion, um möglichst alle Gotteskinder ums Erdenrund gleichermaßen mit dem neuapostolischen Schriftgut zu versorgen. Ab 1980 wurden neben „Unsere Familie" und „Our Family" auch „Notre Famille", „Nuestra Familia" und „Ons Famile" in Frankfurt redigiert und gestaltet. Als neue Sprache kam niederländisch dazu. Lediglich „Keluarga Kita" und „Nossa Familia" wurden vor Ort in Indonesien und Argentinien redaktionell betreut und auch hergestellt. Aus Kosten und Zeitersparnis erfolgte der Druck von „Ons Familie" in Kapstadt und eines Teils von „Nuestra Familia" in Buenos Aires. Die vorher immer noch aus vier bis sechs Mitarbeitern bestehende Redaktion wurde personell fast verdoppelt. Ehemals freie Mitarbeiter, die Übersetzungen der verschiedenen Zeitschriften oder die Bearbeitung von

Erlebnissen und Berichten sozusagen in Heimarbeit besorgt hatten, wurden als fest angestellte Redakteure in den Verlag geholt. Dadurch erhöhten sich die Personalkosten beträchtlich. Der Aufbau der Zentralredaktion vollzog sich 1980/1981. In dieser Zeit wurde die Zeitschrift „Unsere Familie" vorübergehend von Dr. Helmut Schmid-Eilber geleitet.

Nach seinem Ausscheiden im Herbst 1981 übernahm Helmut Tölle die Federführung. Er ist der zweite, der dem Kreis der externen Mitarbeiter entwuchs und bereits 1976 - zunächst als Redaktions-sekretär – fest im Verlag angestellt wurde.

Im Januar 1980 erschienen dann alle Kirchenzeitschriften auch in einer französischen Ausgabe. Die „Wächterstimme" wurde zusätzlich in serbokroatischer, in dänischer und in italienischer Sprache herausgegeben. Auch die Zeitschrift „Unsere Familie" und der mit ihr verbundene „Kalender" erschienen seitdem in je einer deutschen, englischen und französischen Ausgabe.

Bezirksapostel Friedrich Bischoff, Chefredakteur Hellmut Wernher und Redakteur Helmut Tölle

Am 01.01 1983 übernahm die Leitung der Zentralredaktion Hellmut Wernher, der als Chefredakteur nunmehr hauptamtlich in den Verlag eintrat.

1982, Umzug, Einweihung und betriebswirtschaftliche Veränderungen

Nicht zuletzt die Aufstockung der Redaktion und der mit der verstärkten Herausgabe von fremdsprachigen Zeitschriftenausgaben verbundene Mehrbedarf an Druckkapazitäten hatten die Räumlichkeiten in der Sophienstraße 75 zu klein werden lassen.

Grundsteinlegung

114

Im Dezember 1980 konnte ein Grundstück in Frankfurt/Main, Gutleutstraße 298, erworben werden. Das Grundstück wurde von der Neuapostolischen Kirche erworben, bebaut und an Friedrich Bischoff vermietet.

Richtfest

Am 09.04.1981 fand das Richtfest des neuen Gebäudes für den Verlag und die Druckerei statt und am 29.01.1982 konnte der Neubau von Verlag und Druckerei bezogen werden. Für die Planung der technischen und räumlichen Bedürfnisse von Verlag und Druckerei Bischoff war Fritz Idler zuständig.

Die Planung und Bauausführung wurde von der Bauabteilung der NAK Württemberg umgesetzt. Unter Führung des Bezirksapostels Kühnle hat in enger Zusammenarbeit mit Stammapostel Urwyler die Größe des Gebäudes, der Räume und deren Nutzung, speziell der Chefetage, festgelegt. Sie wurde erheblich größer dimensioniert, als von Friedrich Bischoff, dem Chef des Hauses, gewünscht wurde.

Ein Grund für die großzügige Planung der Chefetage mit dem großen Sitzungsraum war die zentrale Lage von Frankfurt am Main, der Stadt, die günstig von jedem Ort der Erde zu erreichen war. Es war geplant, im Sitzungsraum die Konferenzen der weltweit eingesetzten Gremien abzuhalten.

Am 12. Februar 1982 fand die Einweihungsfeier im Beisein aller europäischen Bezirksapostel durch Stammapostel Urwyler statt.

Nach Besichtigung der Betriebsräume und der anschließenden Einweihungsreden und Weihe dieser Betriebsstätten, feierte der Stammapostel mit allen neuapostolischen Anwesenden das Heilige Abendmahl.

Der Sitzungsraum bei der Einweihung des neuen Hauses

117

Dieses Bild im Sitzungssaal erwarb Bezirksapostel Bischoff von einem Vertreter, der es in Zahlung nehmen musste, weil ein Kunde eine Lieferung nicht bezahlen konnte. Auf ihm ist die Begegnung von Apostel Paulus und Apostel Barnabas in Lystra mit dem jubelnden Volk dargestellt, als beide zu dem Volk schrien:

Ihr Männer, was macht ihr da?

Wir sind auch sterbliche Menschen

gleichwie ihr

und predigen euch das Evangelium

Apostel Gesch. 14. 14- 15

Diese Aussage bewog Friedrich Bischoff zu dem Kauf des Bildes.

Bezirksapostel Bischoff dankt dem Stammapostel

Die Investitionskosten der großzügig geplanten Räumlichkeiten führten zu marktüblichen Mietpreisen die an die NAK Württemberg gezahlt wurden. Stammapostel Urwyler lag sehr viel daran, dass neuapostolische Glaubensgut über die Zeitschrift „Unsere Familie" zu verbreiten. Dies sollte weltweit zur gleichen Zeit geschehen. Um den Wunsch zu realisieren, baute der Verlag mit Anbietern des graphischen Gewerbes Datenleitungen nach Kanada und Südafrika auf, um die in der Zentralredaktion erstellten Texte und Bilddaten direkt dorthin zu übertragen, damit sie dort zeitnah gedruckt werden konnten.

Auch übertrug Stammapostel Urwyler dem Verlag den Auftrag, sich um Bildübertragungen per Satelliten von Gottesdiensten zu bemühen. Zu bemerken sei an dieser Stelle, dass die Kosten und Investitionen für diese wie auch manch andere zu Gewohnheit gewordenen Dienstleistungen ausschließlich vom Verlag und der Druckerei Friedrich Bischoff getragen wurden.

Mitte der achtziger Jahre trat plötzlich ein Richtungswechsel ein. Bei der Verwaltung der Neuapostolische Kirche International (NAKI), gab es Überlegungen, die Zentralredaktion nach Zürich zu verlegen. Dies hatte zur Folge, dass sich das Klima zwischen NAKI und dem Verlag verschlechterte.

Eines Tages kam die Mitteilung von NAKI, dass das Amtsblatt in Zukunft in der Schweiz gedruckt werde. Die Begründung: Die deutsche Gewerkschaft könne durch einen Streik die Stromversorgung ausschalten. Dadurch wäre die Versorgung der Amtsbrüder mit dem Amtsblatt nicht gewährleistet.

Darauf installierte der Verlag eine Große Notstromversorgung und konnte somit dieses Argument entkräften.

Es ist zu bemerken, dass dieser Notstromgenerator nie zum Einsatz kam und hat außer Kosten nichts gebracht. Dies ist nur ein Beispiel aus dieser Zeit, die den damaligen „Überlebenskampf des Verlags" beschreibt.

Unter diesen Zuständen litten Friedrich Bischoff und einige Mitarbeiter erheblich. Sie verspürten Widerstand, und die Sorge vor einer drohenden Veränderung, lähmte den Elan ohne dass darüber groß geredet wurde. Umso mehr achteten sie auf Zwischentöne wie z. B. die Frage eines NAKI Mitarbeiters:

Was werden sie in Zukunft drucken, wenn die Kirchenaufträge ausbleiben? Dieser Mitarbeiter verließ NAKI und später ist er auch aus der Kirche ausgetreten.

Zum Glück zog nach dieser frostigen Zeit auch wieder der Frühling im Verlag ein.

Mit Beginn der Amtszeit von Stammapostel Fehr 1988, kehrte die segensreiche Zusammenarbeit zwischen NAKI und dem Verlag zurück.

Der nun folgende Verwaltungsleiter Walter Röschli stellte das so notwendige Vertrauensverhältnis wieder her. Unter seiner Zuständigkeit wurde das zum Verkauf stehend Nachbargrundstück günstig erworben. Die Räume der Expedition waren zu klein geworden, sie zogen in die neu geschaffenen Räume um. Ebenso wurde in einem ehemaligen Kühlhaus ein Paletten Lager für über 300 Paletten geschaffen, die bis zu diesem Zeitpunkt noch in der Sophienstraße gelagert wurden.

Im ersten Stock des renovierten Gebäudes zog die Verwaltung der NAK Hessen, Rheinland-Pfalz und Saarland ein.

Die Abteilung „Neue Medien" bekam Betriebsräume für Büros und Studios. Übersetzerkabinen wurden erstellt, eine Stand- und Wartungshalle für den Übertragungswagen gebaut.

Bei dem Umzug und der Umgestaltung der Expedition stellten wir auch die Auslieferungsendkontrolle um, wir führten das Strichcodesystem (BARCODE) ein. Wie beim Supermarkt wurden alle Produkte die das Haus verlassen, durch einen BARCODE-Leser auf Richtigkeit geprüft.

Herzlich Willkommen

Nachdem unsere Geschwister über „Unsere Familie" erfahren haben, dass wir in ein neues Verlagsgebäude umgezogen sind, kamen Anfragen mit der Bitte, uns im neuen Zuhause besuchen zu dürfen, was wir wohlwollend beantworteten. Um unsere Geschwister entsprechend empfangen zu können wurde ein Besucherzentrum geschaffen. Von dort begann der jeweilige Rundgang durch Verlag und Druckerei. Zunächst waren es Familien, die uns auf der Durchreise besuchten. Bald kamen ganze Busse mit immer größeren Gruppen, unser Besucherraum wurde zu klein und ein größerer mit Filmvorführraum wurde notwendig. Wir hatten viele Anmeldungen und konnten leider nicht alle Wünsche prompt erfüllen. Nachfolgend der Bericht aus „Unserer Familie" Nr.13 vom 05.07.1984 unter der Überschrift der 5000. Besucher.

Am 25.05.1984 kommt der 5000.Besucher in den Verlag
Schon zwei Jahre später, haben mehr als 10.000 Besucher den Verlag besichtigt

Fast auf den Tag genau zwei Jahre nach dem Beginn der offiziellen Führungen durch den Verlag Friedrich Bischoff GmbH, deren neue Gebäude und Betriebseinrichtungen in der Frankfurter Gutleutstraße der Stammapostel im Februar 1982 eingeweiht hatte, konnte Bezirksapostel Bischoff am 25.Mai 1984 den fünftausendsten Besucher willkommen heißen: Schwester Elfriede Gerecht aus Eschwege. Sie war mit einer Geschwistergruppe am Vormittag in Frankfurt am Verlagsgebäude eingetroffen und hatte zu ihrer großen Verwunderung gleich nach dem Verlassen des Omnibusses einen weißen Briefumschlag in die Hand gedrückt bekommen. Das Geheimnis lüftete sich ein wenig später, als Bezirksapostel Bischoff die Geschwister im Versammlungsraum begrüßte und die Besitzerin des Briefumschlags zu sich bat. Unter dem Beifall der Geschwister stellte er die Schwester als die fünftausendste Besucherin vor. Er überreichte einen Blumenstrauß und den prächtig ausgestatteten und mit einer persönlichen Widmung von ihm versehenen Faksimileband „Die Psalmen". In seiner kurzen Ansprache wies Bezirksapostel Bischoff darauf hin, dass er Eschwege in guter Erinnerung habe aus der Zeit, als er seinen Vater, den unvergesslichen Stammapostel, wiederholt in diese Stadt begleitet habe.

Seit Mai 1982 finden im Verlag Friedrich Bischoff regelmäßig Führungen statt der 10.000 Besucher konnte am 5.08.1986 begrüßt werden. Nach dem Eintreffen der Besucher gegen 10.30 Uhr und der Begrüßung durch einen Vertreter des Hauses werden die Geschwister in mehrere Gruppen gestaffelt durch den technischen Betrieb geführt.

Fachleute erklären die Funktion der modernen Maschinen in Setzerei, Lithographie, Druckerei, Buchbinderei und Versand. Im „Info-Raum" erhalten die Besucher einen Überblick über die Erzeugnisse des Verlages. Nach einem gemeinsamen Imbiss im Versammlungsraum wird die Arbeit der Redaktion erläutert, die nicht nur Zeitschriften in mehrere Sprachen, sondern auch Bücher und Broschüren erstellt. Die Vorführung eines Films über Reisen des Stammapostels rundet das Besichtigungsprogramm ab. Gegen 16 Uhr ist die Führung beendet. Soweit es möglich ist, werden die Geschwister von Bezirksapostel Bischoff verabschiedet.

Die Besucher werden von Bezirksapostel Bischoff verabschiedet

Vielen Dank für euren Besuch

und eine gute

Heimreise!

Verlag und Druckerei getrennt

Bis zum Jahr 1982 blieben Verlag und Druckerei zusammengehörige Teile eines einzigen Betriebes. Das änderte sich aus zwei Gründen. Zum einen schien nach Ansicht des Verlagsgründers keiner der Familienangehörigen Bischoffs als Nachfolger in die Firmenleitung eintreten zu wollen. Zum anderen konnte Friedrich Bischoff bei einer Trennung beider Betriebe wirtschaftliche und steuerrechtliche Vorteile in Anspruch nehmen. Daher trennte Friedrich Bischoff den Verlag von der Druckerei und wandelte beide in eigenständige Betriebe in Form einer „GmbH" um. Er blieb Inhaber und Geschäftsführer beider Betriebe.

Eine kleine Auswahl von Schallplatten aus der Verlagsproduktion

In der neuen Verlags GmbH erschienen, wie schon in den Jahren zuvor, regelmäßig fünf Halbmonats- und zwei Monatszeitschriften in drei bis sechs verschiedenen Sprachen, dazu Chorliedersammlungen und Gesangbücher in ebenfalls sechs verschiedenen Sprachen.

Etwa 35 Buchtitel oder Broschüren waren lieferbar, dazu kamen noch etwa 60 Schallplatten- und Musikkassettenproduktionen aus der Musikalien- Abteilung.

Der Jahresumsatz des Verlages betrug Mitte der achtziger Jahre rund 14 Millionen DM, der von insgesamt 38 Mitarbeitern erwirtschaftet wurde, die wiederum zu 90 Prozent der Neuapostolischen Kirche angehörten.

Eine der vielen Kinderkassetten

Im selben Zeitraum setzte die Druckerei GmbH etwa 10 Millionen DM um. Zum Kundenkreis der Druckerei gehörten unter anderem namhafte Großunternehmen des Pharma- und Bankgewerbes, die Auftragsbücher waren immer der Marktlage entsprechend gut gefüllt. Die Druckerei beschäftigte zu dieser Zeit 82 Mitarbeiter, die nur zu einem Drittel der Neuapostolischen Kirche angehörten. Allerdings war die Mitgliedschaft in der Kirche zu keiner Zeit zwingende Voraussetzung für die Einstellung.

128

Die Jahre bis 1987

Im Jahr 1983 erschien die erste einer ganzen Reihe von Broschüren über „Göttliche Verheißungen und ihre Erfüllung", die in 16 verschiedenen Sprachen vom Verlag herausgebracht wurden. Auch das 1985 gestaltete Faltblatt „Neuapostolische Kirche – was ist das" erschien bis 1987 in 17 verschiedenen Sprachen.

Beide Produkte, zeigen das erweiterte Anwendungs- und Absatzgebiet, für das der Verlag Bischoff nach 1982 produzierte. Die Begründung für diese Produktionsausweitung hatte Ursachen, die nicht allein innerhalb der Neuapostolischen Kirche lagen.

Die Zahl der in der Bundesrepublik Deutschland lebenden Ausländer war von 1978 bis 1980 sprunghaft angestiegen. Die Neuapostolische Kirche versuchte, auch in diesen Bereichen zu missionieren, und benötigte dazu entsprechende Materialien vom Verlag Bischoff. Die Vorbereitungen dazu dauerten bis 1983. Im Zuge der seit 1982 restriktiver gewordenen Ausländerpolitik kehrten viele, die als Asylbewerber nach Deutschland gekommen waren, in ihre Heimatländer zurück. Oft setzten diejenigen, die in Deutschland neuapostolisch geworden waren, die Missionsarbeit in ihren Heimatländern fort. Das bedeutete erneut einen gesteigerten Bedarf an mehrsprachigen Schrifttum, den der Verlag Bischoff deckte.

Dazu gehörte ein Wörterbuch, in dem mehr als 100 glaubensbezogene Wörter in den Sprachen Deutsch und Portugiesisch aufgelistet waren. Um in den Missionsländern, aber auch im „alten Europa" bei Behördengesprächen die Neuapostolische Kirche würdig vorstellen zu können, wurde eine sogenannte „Diplomatenmappe" geschaffen, die in repräsentativer Aufmachung in Deutsch, Englisch, Französisch und Spanisch Auskunft über Struktur und Lehre der Neuapostolischen Kirche gab.

Die weltweit verwendete Liedanzeige von Fritz Idler
Jugendliederbücher

Während die Zeitschrift „Unsere Familie" ab 1984 vermehrt auch Berichte und Nachrichten über kirchliche Aktivitäten veröffentlichte, entstanden in der Redaktion auch Bücher und Broschüren. Neben Lose-Blatt-Sammlungen „Verzeichnis der Apostel" stellte Bodo Iloff, ergänzt durch eigene Beiträge, das 1985 herausgebrachte Buch „Neuapostolische Geschichte" zusammen. Helmut Tölle ordnete die von „Christian Publishing Company" erworbenen Zeichnungen zu einem Illustrierten Kinderbibellexikon" und versah die Darstellungen der in der Bibel vorkommenden Personen, Orte und Begriffe mit kindgerechten Texten. Zwischen 1981 und 1988 erschienen drei Bände „Einsichten und Erfahrungen" mit ausgesuchten Leitartikeln von Bezirksapostel Bischoff, ferner drei Bände unter dem Titel „Euch zur Freude, das Liederbüchlein „Weil ich Jesu Schäflein bin" sowie das waschmaschinenfeste Plüschschäfchen mit der gleichen Melodie „Weil ich Jesu Schäflein bin" mit herausnehmbarer Spieluhr.

Für Kinder ab zehn Jahren und Erwachsene wurde ein Fragespiel in vier Folgen aufgelegt mit dem Titel „Wer weiß Bescheid in Glaubensfragen?"

Die Psalmen

Als Broschüren wurden angeboten „Zaire-Report" von Jörg Idler, zwei Missionsberichte über die Entwicklung der Neuapostolischen Kirche auf den Philippinen von Apostel Hebeisen sowie ein Bericht über das Aposteltreffen im Juni in Kanada von Helmut Tölle.

Im weiteren eine Handkonkordanz", den Schmuckband „Die Psalmen" und die „Palmblätter". Auch wurden Nachdrucke der Zeitschrift „Unsere Familie" aus den Anfangsjahren aufgelegt.

Im Tonträgerbereich wurden LPs, MCs und CDs unter dem Titel „Wie es Euch gefällt" produziert. Die Auswahl der einzelnen Liedbeiträge wurde aufgrund einer Umfrage in der Zeitschrift „Unsere Familie" nach den Wünschen der Leser zusammengestellt.

„Ein Liebesbund ums Erdenrund"   „Wie es Euch gefällt"

Diese Produktion erreichte ebenso wie die LPs und MCs „Ein Liebesbund ums Erdenrund" eine Zusammenstellung von Liedmaterial, das Fritz Idler auf seinen weltumspannenden Reisen mit laienhafter Technik aufgenommen hatte eine bis dahin nie dagewesene Auflagenhöhe.

Nachdruck der Bibel

Alle Bibeln die seit der Verlagsgründung vom Verlag angeboten wurden, kamen von der „Württembergischen Bibelanstalt" in Stuttgart. Der Verlag orderte von dort bestimmte Mengen an Bibeln, die zur weiteren Auslieferung in Frankfurt/Main auf Lager gehalten wurden.

Die Neuapostolische Kirche benutzte die Bibel in der Fassung der Luther-Übersetzung von 1912. Als 1983 der „Rat der Evangelischen Kirchen in Deutschland" seine revidierte Luther-Übersetzung abschloss, stellte die „Württembergische Bibelanstalt" die Produktion der von der Neuapostolischen Kirche benutzten Bibelversion ein und vergab das Nachdruckrecht dafür an den Verlag Bischoff. Der Neusatz dieser Luther Bibel und die Anfertigung der verschiedenen Bibelausgaben und Größen war eine größere finanzielle Herausforderung an den Verlag und auf einer langjährigen Herausgabe dieser Bibelfassung angelegt.

Seit 1984 erschienen Bibel-Ausgaben im Verlag Bischoff, die auf der Basis dieser Luther-Übersetzung von 1912 beruhten. In ihrem Anhang befinden sich die in der Neuapostolischen Kirche sehr beliebten Apokryphen: das 3. und 4. Buch Esra und das 3. Buch Makkabäer, die jedoch keine kanonischen Bücher darstellen.

Von diesen Bibeln wurden fast 35.000 Exemplare gedruckt. Davon wurden etwa 5.000 Exemplare als „Altarbibeln" an neuapostolische Kirchengemeinden und die übrigen Exemplare als private Hausbibeln an die Mitglieder der Neuapostolischen Kirche verkauft. Diese

Bibelausgabe wurde bis 1989 verkauft. Von da an wurde auf Beschluss der Kirche die revidierte Ausgabe von 1984 in den Gottesdiensten verwendet. Dadurch waren verständlicher Weise die hohen Investitionskosten für den Nachdruck der 1912er Bibel nicht gedeckt. Neben der jahrelangen Zusammenarbeit mit der „Württembergischen Bibelanstalt" arbeitete der Verlag Bischoff seit 1987 auch mit dem Brunnen-Verlag, dem Brockhaus-Verlag und dem Oncken-Verlag zusammen.

Das Ergebnis dieser Zusammenarbeit war: „Großes Bibel-Lexikon", „Illustrierte Kinderbibel", „Schätze aus biblischer Zeit", „Lexikon zur Bibel", „Großer Bildführer zur Bibel" und für die Kinder eine Serie mit 12 Bändchen „Geschichten aus der Bibel".

Die Abteilung „Neue Medien"

Stammapostel Urwyler berichtete 1983, dass in Nordamerika die ersten Gottesdienste nicht nur per Ton, sondern auch in Bild übertragen werden. Geschwister, die das miterlebten, freuen sich, die Gottesknechte nicht nur zu hören, sondern auch zu sehen, wenn schon nicht nur persönlich, so doch lebensnah. Der Stammapostel machte aber auch deutlich, dass sich die Aufnahmen während des Gottesdienstes störend auswirkte.

Grelles Scheinwerferlicht sowie umherlaufende Kameraleute beeinträchtigten die sakrale Atmosphäre des Gottesdienstes. Im selben Jahr beauftragte Bezirksapostel Friedrich Bischoff Brüder aus dem Verlag, eine gottesdienstgerechte Lösung zu finden. Zunächst wird zum Einsatz in den Apostelbezirken Mainz und Saarland eine kleine Bildübertragungsanlage vom Verlag angeschafft, mit der erstmals am 11. Dezember 1983 das Dienendes Stammapostels in Saarbrücken in Nebenräume der Saarlandhalle übertragen wird. Weitere Übertragungen von Gottesdiensten des Stammapostels und des Bezirksapostels Bischoff folgten. Bezirksapostel Saur weitet den Aktionsradius auf den Bezirk Baden aus. Die positiven Erfahrungen aus der Testphase veranlassten Bezirksapostel Bischoff 1985 zum Bau eines verlagseigenen Übertragungswagens, um möglichst vielen Geschwistern die Teilnahme an solchen Übertragungen zu ermöglichen. Unter der Regie eines guten Freundes aus der Event-und Beschallungstechnik wird die Planung und der komplette Innenausbau mit der gesamten Technik, zumeist in ehrenamtlicher Tätigkeit, von dem späteren Übertragungs-Team durchgeführt. Ein großer Vorteil für alle war, dieses Technik-Neuland selbst aufzubauen. So werden alle damit vertraut. Es werden Mikrofone, Tonmischpulte, zusätzliche Kameras, ein erster Bildmischer und Aufzeichnungsgeräte angeschafft. Um Übertragungen realisieren zu können und Vorgaben des Telekommunikationsdienstleisters „Deutsch Bundespost „zu genügen, werden entsprechende Messgeräte installiert.

Ü-Wagen 1. Generation

Mit Schlaf und Waschgelegenheit, kommt am 2. Juni 1985 in Waldshut zum ersten Einsatz und ist von nun an für Richtfunkübertagungen in Westeuropa unterwegs. Es ist auch die Geburtsstunde der Liveserie. Denn nun können auch Feierstunden und Konzerte vor Ort mitgeschnitten werden. Es ist der Beginn der Serie „Jugendtage live",

„Männerchöre live", „Freudenklänge" und „Ein Liebesbund ums Erdenrund". Diese wurde später von der noch heute populären LIVE-Serie ersetzt.

mit Schlaf- und Waschgelegenheit

Ton und Bildübertragungen weltweit über Satelliten

An einem Samstagabend in den Niederlanden erzählte der Stammapostel Urwyler das in Nordamerika TV Übertragungen üblich seien. Er hoffe das das bei uns in Europa auch baldmöglich sein wird. Da der Fotograf Fritz Idler vom Verlag anlässlich des Stammapostels Gottesdienstes zugegen war, war seine Frage sollen wir uns darum

kümmern" was der Stammapostel mit einem aufmunterten:
„Dann mach mal" beantwortete.

Der Anfang

Nach den ersten Sondierungen des Verlags, künftig Satelliten-
übertragungen zu er möglichen, wurde 1987 von Stammapostel
Urwyler der Auftrag der „Beratungskommission Telekom-
munikation" erweitert. Nun sollte sie nicht nur die hohen Telefon-
gebühren für die Telefon-Übertragungen senken, sondern sich auch
darum kümmern, das in Europa die Gottesdienste in Bild und Ton
überregional übertragen werden können.

Stammapostel Urwyler nach der Besichtigung des Ü-Wagens

So ging es weiter

Der Pfingstgottesdienst an dem Bezirksapostel Richard Fehr, nach dem Schlaganfall von Stammapostel Hans Urwyler, das Stammapostel Amt antritt, wird 1988 in etwa **800 Empfangsstellen** im In-und Ausland per **Ton** übertragen. Eine Ausnahme bildeten einige wenigen Gemeinden im Umfeld von Fellbach bei Stuttgart, die per Richtfunkübertragung mit Bild und Ton angeschlossen waren.

Stammapostel Fehr äußerte sich im Juni 1989 gegenüber den Brüdern der Beratungskommission Telekomunikation in etwa so:

„Seht mal zu, ob ihr den Pfingstgottesdienst 1990 aus Wien in Bild und Ton, zumindest in die Gemeinden nach Zentraleuropa, übertragen könnt!"

Das war der Startschuss zum Aufbau eines satellitengestützten Empfangsnetzes in Europa. Eine Herausforderung, deren Realisierung sofort in Angriff genommen worden ist. Der Umfang und die auftretenden Hürden werden zunächst unterschätzt. Um diese Herausforderung zu meistern sind drei Mitarbeiter des Verlages ein ganzes Jahr nicht nur täglich, sondern auch in vielen Nachtstunden und an Wochenenden beschäftigt. Nicht berücksichtigt ist die Zeit welche der Verlag im Allgemeinen mit der Umsetzung dieses Auftrages benötigte. Zunächst werden Verhandlungen mit Satellitenbetreibern aufgenommen, dies nicht nur in Deutschland, sondern europaweit. Es müssen Geräte gefunden werden, die zur Übertragung in die Kirchen geeignet sind: Parabolantennen, Receiver für Satellitenempfang, Großbildprojektoren die in einer Telbox zum Einsatz kommen, Fernsehgeräte usw. Dies geschieht in Absprache mit den Bezirksaposteln in Europa, denn es sind auch erhebliche finanzielle Mittel dazu notwendig.

Das ganze Projekt wird den Bezirksaposteln in Zürich vorgestellt. Nachdem aus dieser Runde ein grundsätzliches „Ja" kommt, werden alle Geräte einem Test unterzogen, sowie mit den Lieferanten Lieferbedingungen und -zeiten ausgehandelt. Es geht um erhebliche Mengen und Summen.

Nach Auswertungen von Nutzwertanalysen und langen Verhandlungen stehen dann die Lieferanten fest, Nun gilt es einen ausgefeilten Projektplan zu erstellen, denn die Installation in 830 Gemeinden muss in nur drei Monaten von der Parabolantenne auf dem Dach bis in alle

Räume durchgeführt werden. Ein Arrangement das viel Zeit und Nerven kostete.

Parallel werden der Ü-Wagen und die Rüstfahrzeuge auf die neue Technik durch das Ü-Team umgebaut. In Schulungen wird das Ü-Team auf die neuen Gegebenheiten vorbereitet. An dieser Stelle ist auch zu bemerken, dass alle Kosten zum Erstellen dieser Übertragungstechnik sowie die Konstruktion und Anschaffung des Übertragungswagens und der Rüstfahrzeuge vom Verlag getragen wurden.

Ü-Wagen 3. Generation

Es ist Geschafft!

Mehr als 272.500 Geschwister in 830 Gemeinden in 17 Ländern West- und Osteuropas können via Satellit in Bild und Ton und weitere 110 Gemeinden per Ton den Pfingstgottesdienst 1990 aus Wien live miterleben.

Außerdem können zum ersten Mal Geschwister aus der damaligen DDR an einer Übertragung aus einem anderen Land teilnehmen, einige wenige sogar mit Bild und Ton.

Das ehrenamtlichen Ü-Team an Pfingsten 1990 in Wien

Blick in die Bild- und Tonregie

1992 wurde ein „Handbuch für Bild- Tonübertragung" zur Unterstützung der Bild-Tonbeauftragten in den Gemeinden erarbeitet. Inhaltlich befasst das Handbuch mit Informationen zu den Übertragungen, den technischen Ausstattungen der Empfangsstellen, sowie Hinweisen bei Störungen und Bedienungsanleitung der technischen Geräte.

Ü-Wagen 4. Generation

Verlag und Druckerei gehen in den Besitz der Neuapostolischen Kirche

Am 25. Oktober 1985 antwortete Bezirksapostel Bischoff nach seiner Ruhesetzung in einem Brief an Stammapostel Urwyler:

> *„ ... Jetzt habe ich mehr Zeit!*
> *Ich muss annehmen, dass Du meine Arbeit bzw. die zeitliche Inanspruchnahme in meinem Unternehmen nicht kennst. Ich habe Druckerei und Verlag so organisiert, dass der technische Ablauf gesichert ist. Nur bei grundsätzlichen Entscheidungen greife ich in das Betriebsgeschehen ein. Meine Hauptaufgabe liegt in der Redaktion. "*

Er hatte für die Zeit nach seinem Tod vorgesorgt und die Fachleute in Eigenverantwortung arbeiten lassen. Die Devise im Hause Bischoff lautete: „Einer für Alle und Alle für Einen zum Wohle unsere Geschwister".

Wie es sich Friedrich Bischoff immer gewünscht hatte, starb er mitten aus seinem Schaffen heraus.

Eines Tages besuchte ein Weinvertreter nach längerer krankheitsbedingter Pause wieder Friedrich Bischoff, der ein Freund eines guten Tropfen Weins war.

Bei diesem Wiedersehen wurde er etwa so begrüßt: „Sie sehen ja wie neugeboren aus. Welchen Jungbrunnen haben Sie gefunden? Kann man diese Adresse erfahren? Der Vertreter sagte, dass er sich einer Sauerstofftherapie unterzogen habe und es ihm nun wieder gut gehe.

Nach dieser Begegnung hatte Friedrich Bischoff diese Therapie beim selben Arzt in Anspruch genommen, was ihm auch guttat.

Am 23. November 1987, um 12 Uhr hatte er wieder einen Termin beim diesem Arzt in Mainz. Von dort kam die Nachricht: „Herr Bischoff ist während der Therapie ins Koma gefallen und jetzt mit dem Notarztwagen auf dem Weg ins Krankenhaus. Bezirksapostel Friedrich Bischoff erwachte nicht mehr aus dem Koma und entschlief am 9. Dezember 1987. Den Trauergottesdienst hielt Stammapostel Fehr. am 18.12.1987

Wie es der Bezirksapostel Bischoff testamentarisch bestimmt hatte. gingen beide Gesellschaften, Druckerei und Verlag, in den Besitz der Neuapostolischen Kirche über. NAK International beauftragte einen international bekannten Unternehmensberater, eine Betriebsanalyse der Firmen Friedrich Bischoff zu erstellen, die ein überaus positives Ergebnis brachte.

Das einzige, was sie bemängelte: Die Rollenoffsetmaschine wäre ein Druck-Format zu klein gewählt. Diese Maschine war jedoch noch für die Sophienstraße bestellt worden. Dort war es aus Platzgründen nicht möglich gewesen, eine Druckmaschine mit so einem großen Format aufzustellen.

Wie im Testament festgelegt, lag nun die Führung des Verlages lag in den Händen der Geschäftsführerin, der langjährigen Prokuristin Helene Idler.

Helene und Fritz Idler, die neuen Geschäftsführer bis zur Überführung in
die Hände der Neuapostolische Kirche

Stammapostel
Richard Fehr
gratuliert der
Geschäftsführerin
Helene Idler zum
vierzigjährigen
Geschäftsjubiläum

Geschäftsführer für die Druckerei wurde der bisherige Organisations-
leiter Fritz Idler. Beide waren von Friedrich Bischoff schon lange zu
dieser Tätigkeit als Nachfolger im Handelsregister eingetragen.

Die neue Geschäftsführung wurde von Bezirksapostel Klaus Saur mit
Rat und Tat kraftvoll unterstützt.

Mit einem
herzlichen Dank von
Bezirksapostel Saur,
beendete Schwester
Idler, am 31. März
1990 ihre mehr als
vierzigjährige
Tätigkeit im Verlag

Das Prinzip von Friedrich Bischoff war immer, den Kunden, also
seinen Geschwistern, alles so kostengünstig wie möglich anzubieten.
Jeder Mitarbeiter des Verlages war für sein Ressort eigenver-
antwortlich tätig. Die Preisgestaltung für die Produkte beruhte auf
einer Mischkalkulation. So wurde das Gesangbuch etwas teurer
verkauft, um dafür die Kinderkassetten, die nur für einen kleineren
Kundenkreis interessant waren, günstiger anbieten zu können.

Die Grundkosten, also die Kosten für die Erstellung beispielsweise
eines Masterbandes für eine Schallplatte, MCs, CDs, oder Kinder-
hörspiele beeinflussen verständlicherweise das Verkaufspreis. Es ist
ein Unterschied, ob 5000 € Grundkosten auf 200 Kinderkassetten

umzulegen sind oder auf 2000 Kassetten. Bei 200 Kinderkassetten sind das 25 € ohne die dazu kommenden Produktionskosten. Es wäre ein Preis, den man keinem unserer Geschwister anbieten konnte. Bis dahin galt der Grundsatz, die Mischkalkulation sei für diesen verhältnismäßig kleinen Kundenkreis mit seinen sehr unterschiedlichen Bedürfnissen die beste solidarische Preisfindung. So wurde beispielsweise die Zeitschrift „Unsere Familie" pro Heft um etwa 3 Cent teurer verkauft, um mit dem Mehrerlös die Kinderprodukte und Erzeugnisse für Minderheiten zu subventionieren. Ansonsten wären unverhältnismäßig hohe Preise die Folge, für die kleinen Auflagen des kleinen Käuferkreises gewesen. Die jährlichen Gewinne des Verlags wurden in der Zeit von Friedrich Bischoff als Darlehen in die Druckerei investiert und der Gewinn der Druckerei in den Verlag und somit immer mehr oder weniger Rücklagen für die Zukunft geschaffen. Die Gewinne wurden nie abgeschöpft, sie blieben den Firmen erhalten. In den Jahren, als noch „Wächterstimme", "Jugendfreund" und „Guter Hirte" herausgegeben und die englischen Zeitschriften gedruckt wurden, vertrieb der Verlag mit mehr als einer Million Exemplaren die höchste Auflage, aller in Frankfurt hergestellten Publikationen. Warum er dennoch in der breiten Öffentlichkeit so gut wie unbekannt blieb, lag an dem verlagseigenen Auslieferungssystem, das völlig unabhängig vom Sortimentsbuchhandel über eigene Verlags-beauftragte und nur innerhalb der neuapostolischen Kirchengemeinde funktionierte. Die Auflagenhöhe der Zeitschrift „Unsere Familie" bewegte sich zwischen 70.000 und 80.000 verkauften Exemplaren.

Lagebericht von Verlag und Druckerei 1987

Otto Schulz Finanz- und Buchhaltungsleiter beider Unternehmen schreibt:

Die Verlag Friedrich Bischoff GmbH befindet sich in der Gutleutstraße 298 in Frankfurt am Main, in gemieteten Räumen. Hauptaufgabe ist die redaktionelle Bearbeitung von religiösem und glaubensförderndem Schriftgut der Neuapostolischen Kirche und seine weltweite Verbreitung. Als Neuaufnahme im Verlagsprogramm wurde ein Ton- und Bildstudio eingerichtet technische Einrichtungen für die Übertragung von Gottesdiensten.

Auftragseingang und –bestand sind wie in den Vorjahren zufriedenstellend.

Das Produktionsprogramm beinhaltet die redaktionelle Bearbeitung und Herstellung von: Zeitschriften Büchern, Ton- und Bildaufzeichnungen sowie, Schallplatten und Musikkassetten und die Gottesdienstübertragungen. Der Versand dieser Erzeugnisse wird ebenfalls im Verlagshaus betrieben. Der Beschäftigungsgrad liegt bei ca. 80%. Die Kostenentwicklung ist steigend. Alle Investitionen liegen im Rahmen des Produktionsprogramms.

Nach augenblicklichen Einschätzungen der Marktlage ist eine Vollbeschäftigung der 34 Mitarbeiter im Verlag gesichert.

Dem neuen Wirtschaftszweig Bild- und Tonübertragungen wird weiterhin Aufmerksamkeit gewidmet. Das Unternehmen ist bemüht, hier einen neuen Markt zu erschließen. Es zeichnet sich bereits ein positives Ergebnis ab

In der Druckerei Friedrich Bischoff GmbH waren zum Jahresabschluss 82 Mitarbeiter beschäftigt. Die Produktion wurde zu 70 % mit der Herstellung von Zeitschriften, Büchern, Prospekten und Formularen für die Neuapostolische Kirche und deren Mitglieder ausgelastet. Etwa 30% wurden für die Herstellung von Druckerei-Erzeugnissen für sonstige Wirtschaftsunternehmen genutzt. Der Auftragsbestand und Eingang ist als gut anzusehen. Es besteht eine ca. 80%ige Auslastung. Der Beschäftigungsgrad von 75% ist branchenüblich. Die Entwicklung der Kosten steht im Verhältnis zu den erbrachten Leistungen. Anstehende Erneuerungsinvestitionen und deren Finanzierung sind gesichert. Eine gesunde Geschäftspolitik führte dazu, dass auf Kreditaufnahmen weitgehend verzichtet werden kann.

„Unsere Familie" wird offizielles Orga
der Neuapostolischen Kirche

Stammapostel Urwylers Ziel war, durch die Zentralredaktion in Frankfurt weltweit alle Mitglieder der Neuapostolischen Kirche gleichzeitig mit dem gleichen Inhalt der Zeitschrift „Unsere Familie" zu versorgen.

Mit dem Übergang des Verlages in den Besitz der Kirche änderte sich auch der Status der Zeitschrift „Unsere Familie". Sie wurde offizielles Organ der Neuapostolischen Kirche.

Hatten seither außer dem von Friedrich Bischoff verfassten Leitartikel und dem Bericht über den vom Stammapostel gehaltenen Gottesdienst vorwiegend von Geschwistern eingesandte, und zu Kurzgeschichten verarbeitete Glaubenserlebnisse den Inhalt bestimmt, so rückten nun in einer modernisierten Aufmachung glaubensfördernde Beiträge unter der Überschrift „Lehre und Erkenntnis" sowie vermehrt Reportagen und Berichte über die Aktivitäten in den Apostelbezirken und Missionsgebieten in den Mittelpunkt.

„Wächterstimme", „Christi Jugend" und „Der gute Hirte" wurden in die im Seitenumfang verdoppelte „Unsere Familie" integriert.

Gleichzeitig ging im Januar 1989 der einst vom Stammapostel Urwyler geäußerte Wunsch in letzter Konsequenz in Erfüllung:

Die Ausgaben der „Unseren Familie" in deutscher, englischer, französischer, niederländischer und spanischer Sprache sowie in afrikans, erschienen fortan zeit- und inhaltsgleich. Ausgenommen waren lediglich die indonesische und die portugiesische Ausgabe. Mit Ausdehnung der Missionsgebiete wurden acht bis zehnseitige „Miniausgaben" in 23 Sprachen aufgelegt, darunter Russisch, Kroatisch und Zulu. Ihr Management stellte eine logistische Herausforderung dar, zumal die Übersetzungen auswärts getätigt wurden.

In dieser Zeit entstand eine Reihe von Büchern und Broschüren. Da in der Zeitschrift „Unsere Familie" aufgrund der neuen Struktur, weniger Raum für von Geschwistern eingesandten Glaubenserlebnisse zur Verfügung stand, gestaltete die Redaktion zwei illustrierte Bände „Erlebter Glaube". Susanne Scheibler, eine als Schriftstellerin erfolgreiche Glaubensschwester, verfasste Biografien der Stammapostel.

Die Technik und Räume der Druckerei
und des Verlages

Der Maschinenpark wurde immer, wenn möglich, den neuesten technischen Gegebenheiten so angepasst, wie die finanziellen Möglichkeiten es zuließen. 1936 stand die Anschaffung einer Druckmaschine größeren Formats an, eine „Rollrenner" der Firma König und Bauer, Würzburg, eine „Schnellpresse", bei der die Bogen von Hand zugeführt und abgenommen wurden.

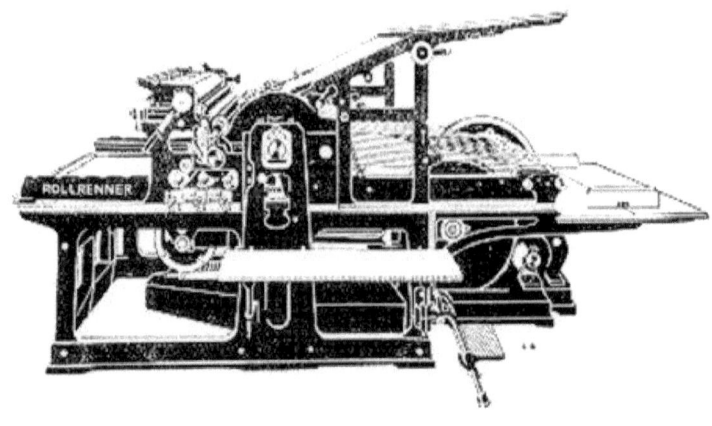

Der Rollrenner die erste größere Druckmaschine in der Druckerei Friedrich Bischoff

Später kamen dann die Heidelberger Druckmaschinen von Tiegel über die Printmaster GTO zum Speed Master hinzu. Eine Großinvestition in den 50er Jahren war der Kauf einer Rollen-Flexo-Maschine der

Firma Göbel aus Darmstadt, die speziell zum Drucken der kleinen Zeitschriften eingesetzt werden. Als kleine Zeitschriften werden intern „Wächterstimme", „Jugendfreund", „Amtsblatt" und „Der Gute Hirte" benannt. Dazu musste in der Sophienstraße auf einem Nebengrundstück ein kleiner Neubau erstellt werden.

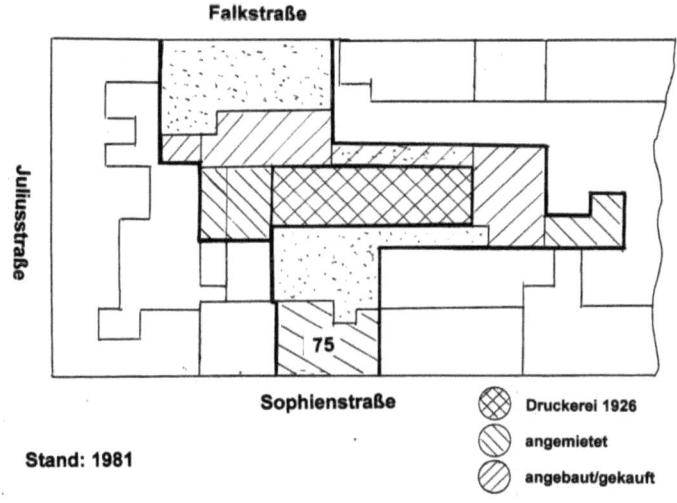

Falkstraße

Juliusstraße

75

Sophienstraße

Stand: 1981

Druckerei 1926
angemietet
angebaut/gekauft

In der Falkstraße wurde ein Anbau errichtet, in den die Buchbinderei einzog, die bis dahin in der Adalbertstraße 36a untergebracht war. Ebenso wurde später von der Familie Gaul das ehemalige Gebäude vom Gasthaus „Falkenburg" in der Falkstraße angemietet und später gekauft, in das die Expedition, die Verlagsvertriebsabteilung und die Anzeigenabteilung einzogen. In die „Bambi-Bar" der Falkenburg zog die Musikalienabteilung von Hermann Ober ein.

Das Notenlager wurde in den unteren Räumen eingerichtet.

Im Jahr 1967 wurde über dem Druckereigebäude aus der Gründerzeit ein Obergeschoss auf Säulen errichtet, in das die Buchbinderei einzog, während der Betrieb weiterlief.

Die Technik änderte sich. Vom Handsatz ging es zum Maschinensatz und zuletzt zum Fotosatz, bei der ganze Druckzeilen und im Fotosatz ganze Seiten erstellt wurden. Vom Buchdruck wurde in den Offsetdruck umgestellt. Dazu bedurfte es einer Lithographie-Abteilung mit Reprographie und Plattenkopie, die in die Räume der Buchbinderei zog. Für die Buchbinderei wurde in einem Nachbargebäude, das an die Druckerei grenzte, ein neues Gebäude errichtet. In einem neu errichteten kleinen Gebäude in der Falkstraße wurde die großformatige Rotaman-Einfarben-Flexo-Druckmaschine aufgestellt. In einem anderen großen Werkstattgebäude, angrenzend auf der anderen Seite der Druckerei in der Juliusstraße, wurde eine großformatige Zweifarben- Offsetmaschine aufgestellt. Zu dieser Zeit gab es kaum einen Verlag der Größe des Bischoff Verlages, der seine Zeitschrift nur in schwarzer Farbe druckte. Fast alle auf dem Markt angebotenen Magazine wurden farbig gedruckt. Der Verlag konnte es nicht. Die Produktionskosten für den Vierfarbendruck waren einfach zu hoch. Die Maschinen- und Lithographie Herstellungskosten standen nicht im Verhältnis zu den Herstellungskosten der Zeitschrift „Unsere Familie." Erst später, als sich die Verhältnisse änderten, begann der Verlag mit dem Vierfarbdruck. Zuerst mit der Titelseite und später auch mit dem Inhalt. Die Herstellungskosten standen immer in Relation mit dem Verkaufspreis. Ziel war es bei der verhältnismäßig kleinen Auflage dieser Zeitschrift ein Produkt zu gestalten, das bei gleichzeitiger Rücklagenschaffung für spätere Investitionen zu einem vertretbaren Verkaufspreis angeboten werden konnte.

Den Bischoff Verlag darf man gegenüber anderen Verlagen nicht in Vergleich setzen, was leider sehr oft geschieht. Fast alle Zeitschriftenverlage haben in ihrem Heft Werbungen, die meist mehr Platz einnehmen als der redaktionelle Teil. Mit diesen Einnahmen werden die wesentlichen Herstellungskosten getragen. In „Unserer Familie" gab es nur Kleinanzeigen. Auch konnte sich der Verlag zu dieser Zeit noch keinen festangestellten Redaktionsstab erlauben. Der Inhalt der Zeitschrift wurde, außer dem Leitartikel von Friedrich Bischoff und redaktionellen Beiträgen der festangestellten Redakteure, von freien Mitarbeitern erstellt.

Eine der regelmäßigen Mitarbeitertagungen

Diese Mitarbeiter, die sich regelmäßig an Mitarbeitertagungen im Verlag austauschen konnten, wurden nach dem branchenüblichen Zeilenhonorar bezahlt. Das war für Friedrich Bischoff und seinem Mitarbeiterstab der einzige Weg, diesen Tendenzbetrieb lebensfähig zum Wohle der Neuapostolischen Kirche zu erhalten.

Externen und interne Mitarbeiter nach einer Tagung.

Friedrich Bischoff wollte nicht den Weg gehen, wie es einem seiner Kollegen ging. Ein in Frankfurt bekannter Verlagsbesitzer kennzeichnete in einem Gespräch seine Nachfolger, die den Verlag in die Insolvenz gebracht hatten, mit einem Ausspruch, den Fritz Bischoff oft benutzte: „Die wollten mit den großen Hunden pinkeln gehen und können das Bein nicht heben."

Es galt immer die Frage: Was können wir investieren, ohne an die Substanz zu gehen? Das änderte sich erst, als Stammapostel Streckeisen die Zentralredaktion ins Leben rief und Stammapostel Urwyler die Weichen zu neuen Druckerei- und Verlagsgebäuden stellte. Nach dem Umzug in die Gutleutstraße 298 wurde nur noch mit Fotosatz gearbeitet. Der Buchdruck wurde im Hause Bischoff nicht mehr praktiziert. Nur noch ein Buchdrucktiegel und eine GTO zum Nuten und Stanzen von Drucksachen wurden in die Gutleutstraße mitgenommen. Was 1928 mit einer Tiegeldruck- und einer Schnellpresse begonnen hatte, präsentierte sich 2003, als das 75. Firmenjubiläum gefeiert wurde mit zwei Vierfarbmaschinen, einer Zweifarb- und zwei Einfarbmaschinen für den Bogenoffsetdruck als bestens ausgerichtete moderne Druckerei

Die Technik im Wandel der Zeit

Den Umzug 1982 von der Sophienstraße in die Gutleutstraße haben einige Berufe nicht mehr miterlebt. Im ersten Drittel des Buches haben wir berichtet, wie „Unsere Familie" damals gefertigt wurde. Die Mitarbeiter mit den Berufen: **Stereotyper, Handsetzer, Maschinensetzer, Metteure, Buchdrucker (Hochdruck), Buchdrucker (Flexodruck),** waren bereits nicht mehr in diesem Beruf bei uns beschäftigt, sie wurden umgeschult. Ein Beispiel für die Problematik dieser Umstellung und ihrem guten Ausgang: Als im graphischen Gewerbe die Umstellung zum Fotosatz anstand, sind unsere Setzer teilweise auf die Straße gegangen, um dagegen zu protestieren. Sie fürchteten um ihren Arbeitsplatz. Die gleichen Mitarbeiter bekamen in der Gutleutstraße natürlich keine Milchzuteilung mehr, weil sie nicht mehr eine Bleivergiftung befürchten mussten. Nun saßen sie nicht im Blaumann und mit schwarzen Fingern, sondern im Straßenanzug am Bildschirm und setzten das Manuskript der Redaktion mit der Computertastatur in einen Film um. Das ging so bis zu ihrer Rente.

Die Buchdrucker wurden zum Offsetdrucker umgeschult und hatten von nun an nicht mehr von schweren Bleischriftformen zu drucken, sondern von nur noch 0,4 mm dicken Offsetdruckplatten. Auch hatten damals die Computer, die fast so groß wie die Druckmaschinen waren, viele Handgriffe übernommen.

Wenn in den 80er Jahren ein Manuskript von der Redaktion in die Technik kam, wurde dies in der Setzerei vom **Fotosetzer** in einen Film übertragen, ein Papierabzug belichtet und zur Korrektur wieder in die Redaktion gegeben. Nach der Korrektur gingen die fertigen Filme in die Lithographie. Die Bilder wurden vom **Reprofotographen** in einen Rasterfilm umgewandelt und vom **Lithographen** bearbeitet und dann Raster und Schriftfilme vom **Offsetmontierer** auf Montagefolien in Druckmaschinenformat montiert und dann vom **Offsetkopierer** auf die Druckplatten kopiert. Diese Berufe gibt es seit einigen Jahren nicht mehr.

An diesem Beispiel ist zu ersehen wie in überschaubarer Zeit nur im Hause Bischoff zehn Berufsgruppen ihr Ende gefunden haben.

Zu Zeiten von Friedrich Bischoff wurde noch ein Ritual aus dem Graphischen Gewerbes vollzogen und gefeiert. Wenn ein Lehrling dieses Gewerbes seine Gesellenprüfung bestanden hatte, wurde er gegautscht.

Die Gautschfeier

wurde im Beisein der gesamten Belegschaft durchgeführt. Der Gäutschling wurde in einen Bottich mit Wasser getaucht und mit einem Schwamm sein ganzer Körper genässt.

Dabei wurde der Spruch zitiert:

„Packt an! Lasst seinen Corpus Posteriorum fallen

auf diesen nassen Schwamm bis triefen seine beiden Ballen.

Der durstigen Seele gebt ein Sturzbad obendrauf

das ist dem Sohne Gutenbergs die beste Tauff."

Nun war er ein „Jünger Gutenbergs" ein Mann der

schwarzen Kunst einer, der früher seine Kollegen mit dem

Satz begrüßt hat „Gott grüß die Kunst"

Leider ist in der nur von Gewinnmaximierung durchzogenen Zeit kaum etwas von den Traditionen übriggeblieben.

Keine Zeit mehr für so was und dann kommt die Aussage:

Ein Mediengestalter hat ja auch mit dem Graphischen Gewerbe, mit der schwarze Kunst, nichts mehr zu schaffen, er bekommt höchstens beim Wechsel der Tonerpatrone seines Druckers noch schwarze Finger.

Wo noch vor nicht allzu langer Zeit fünf Menschen arbeiteten, ist heute nur noch eine Person tätig.

Neudeutsch nennt man die Nachfolger der ausgestorbenen Berufsgruppen „Mediengestalter". Man spricht vom „Desktop-Publishing", deutsch heißt das „Publizieren vom Schreibtisch aus". Was so viel heißt, der Journalist oder Redakteur ist Layouter, Setzer und Seitenmontierer in einer Person, er gestaltet mit dem Computer ein Druckerzeugnis mit Schrift, Grafik und Layout Programm am Schreibtisch und sendet die erstellten Daten per Internet an eine Druckerei. Bei der keine Drucker mehr zu finden sind, sondern nur noch Bediener von Computersystemen. Eine Kombination von Digitaldrucker, Falzmaschine und Klebebinder stellten dann in kurzer Zeit das gewünschte Druckerzeugnis her, versieht es mit einem Umschlag, schneidet es auf die Größe, verpacktes und gibt es mit einer aufgeklebten Adresse zum Versand. Auch hier sind die verschiedenen Berufsgruppen des Buchbinder- Gewerbes nicht mehr zu finden.

Er war für alle da

Friedrich Bischoff war zwar technisch interessiert, aber kein Techniker. Er war mit Leib und Seele Schriftsteller. Das gedruckte Wort war sein Leben. Kein Manuskript wurde zum Druck freigegeben ohne dass es nicht zuvor von ihm gelesen und gegebenenfalls korrigiert worden war.

Sein Grundsatz war: „Alles, was mein Haus verlässt, muss korrekt und für jeden verständlich sein." Verständlich für alle, auch für die nicht akademisch Gebildeten. Ansonsten war seine Meinung: „Ich muss nicht alles wissen, was in unserem Betrieb passiert. Wenn jedoch mal etwas schiefgeht, sagt es mir, damit wir zusammen eine Lösung finden."

Im Grunde konnten alle Abteilungsleiter in Eigenverantwortung ihre Abteilungen leiten und auch Einkäufe tätigen, die immer unter der Prämisse standen: „Sparen bei bester Qualität und Pünktlichkeit".

Ihm war klar, dass der verhältnismäßig kleine Kundenstamm nicht wachsen würde. Gerade deshalb war man bestrebt, die Bedürfnisse und Wünsche der Geschwister so gut wie möglich zu erfüllen. Es wurde an die Kinder, Jugend, Senioren genauso gedacht, wie an die Blinden und Hörgeschädigten. Das Ziel war, alle gleichermaßen gut zu bedienen. Das war auch der Grund für das damals sehr vielseitige Angebot des Verlags.

An dieser Stelle müssen wir, also die, die an diesen Aufzeichnungen beteiligt waren, all den ehrenamtlichen „Verlagsbeauftragten" einen ganz besonderen Dank aussprechen!

Ohne eure Mitarbeit hätten wir unseren Geschwistern nicht so kostengünstig und nicht mit einem solchem Erfolg, das gedruckte Wort der „Neuapostolischen Kirche" in einer solchen Solidargemeinschaft vermitteln können

Die Druckerei beschäftigte freiberufliche Außendienstmitarbeiter, die Druckaufträge akquirierten. Ebenso waren für die Redaktion freie Mitarbeiter tätig, die pro gedruckte Zeile des von ihnen erstellten Manuskriptes ein Honorar erhielten. Dem Verlag war immer die begrenzte Zahl der Kunden Maßstab des Handelns. Die Fixkosten, die Anzahl und die Höhe der Gehälter mussten immer im Verhältnis zum Erlös stehen. Da Friedrich Bischoff alleiniger Besitzer der Firma Verlag und Druckerei war, konnte er auch alleine über die Finanzen entscheiden. So gab es auch keine Controlling-Institution etc. Einen Betriebsrat in der Druckerei gab es zu allen Zeiten mit einer allzeit guten Zusammenarbeit.

Die Finanzübersicht verschaffte er sich durch die Aussage der Buchhaltungsleitung, des Standes der Auftragsbücher der Druckerei sowie des Bankkontostandes der beiden Firmen.

Das Prinzip des Hauses Bischoff war sparen, Rücklagen schaffen und ein ausgeglichenes Konto haben. Friedrich Bischoff sagte öfters: „Gebt nicht so viel Geld für den Wasserkopf aus, dafür kann ich eine Druckmaschine kaufen, die druckt mir Geld."

Friedrich Bischoff hat monatlich nur ein verhältnismäßig kleines Gehalt aus der Firma für sich entnommen. Freude hatte er an seinem Auto, einem guten Glas Wein, sowie einem abwechslungsreichen Essen, das er oft selbst zubereitete.

Urlaub kannte Friedrich Bischoff kaum. Er sagte oft:
„Urlaub ist eine Zivilisationskrankheit".

Er wohnte in dem Haus Bernusstraße 7, dass er im Jahr 1937 für seinen Vater und seine Familie bauen ließ. Als an einem Osterfest dort eingebrochen und sehr viel gestohlen wurde, wollten er und seine Frau dort nicht mehr wohnen.

Bernusstrasse in Frankfurt am Main

Hinzu kam, dass ihm in dieser Zeit ein Unterschenkel amputiert werden musste. Er zog deshalb mit seiner Frau Betty in den zweiten Stock einer Mietwohnung in der Zeppelinallee mit Aufzug und Tiefgarage.

Sein gesamtes Wirken war von manchem
Neider und Besserwisser begleitet.
Selbstverständlich hatte Friedrich Bischoff auch Fehler,
aber wer hat keine?

Mit Wort und Schrift dem Herrn gedient.

Das war die Überschrift des Artikels, mit dem der langjährige Chefredakteur Hellmut Wernher Persönlichkeit und Wirken des Bezirksapostels Friedrich Bischoff würdigte.

Friedrich Bischoff

Das Leben von Bezirksapostel Friedrich Bischoff war geprägt von einem unerschütterlichen, auf kindliches Vertrauen und hohe Erkenntnis des göttlichen Wirkens gegründeten Glauben, der es ihm ermöglichte, auch in Prüfungszeiten dankbar und demütig den Willen Gottes anzunehmen. Für ihn gab es keine Kompromisse, wenn es darum ging, die Jesu lehre von allen Einflüssen des Zeitgeistes rein zu erhalten. Klar und eindeutig verkündigte er das Evangelium in Wort und Schrift: Er duldete im Glaubensleben weder Lauheit noch Aufweichung.

Hingabe und Pflichtbewusstsein waren seine Triebkräfte, um sowohl seinen seelsorgerischen Auftrag als Bezirksapostel für Rheinland-Pfalz und Saarland als auch seine berufliche Zielsetzung als Herausgeber des neuapostolischen Schriftgutes zu erfüllen. Ein in einem erfahrungsreichen Leben und mit zielstrebigem Fleiß erworbenem Schatz umfassenden Wissens, aber auch ein sich durch Herzensgüte und Fröhlichkeit mitteilender Humor, die Fähigkeit Freude zu bereiten und sich mitzufreuen, dazu das Selbstverständnis, die von Gott geschenkten Gaben sinnvoll zu nutzen, machten seine Persönlichkeit aus.

Mit dem Stammapostel auf Reisen

Nachdem der in Frankfurt geborene und aufgewachsene Friedrich Bischoff als gelernter Buchdrucker 1932 die von ihm seit 1928

Friedrich Bischoff als Fotograf

168

geleitete Hausdruckerei der Neuapostolischen Kirche erworben hatte,
führte er als selbstständiger Unternehmer diese Druckerei.

Die Jahre vor und nach dem zweiten Weltkrieg brachten Verlag und
Druckerei im manche Bedrängnisse, Beschränkungen und Auflagen,
die aber dank einer umsichtigen, diplomatischen Geschäftsführung
gemeistert werden konnten.

In jener Zeit wirkte Friedrich Bischoff im Werke Gottes als
Bezirksevangelist und begleitete seinen Vater, den Stammapostel
Johann Gottfried Bischoff, als Berichterstatter auf vielen Reisen.

Als die 1941 angeblich wegen Papiermangels eingestellte Zeitschrift
„Unsere Familie" 1949 wiedererscheinen durfte, betätigte er sich als
Leitartikler bis zu seinem Lebensende. Dazu zog er sich in den letzten
Jahren jeweils freitagnachmittags nach Bodenrod im Taunus zu den
Geschwistern Idler zurück, um in Ruhe seine Betrachtungen zu
diktieren, die jeweils einen Alltagsbezug hatten und in Ausdeutung des
göttlichen Heilsplans mündeten.

Jeglicher Floskel abhold

Bis zuletzt las Friedrich Bischoff jedes Manuskript, das zur
Veröffentlichung vorgesehen war. Die Seiten kamen meistens mit
humorvollen, manchmal auch sarkastischen Randbemerkungen in die
Redaktion zurück und sorgten dort für Schmunzeln, aber auch für
Nachdenklichkeit. So zeigte er einmal per Zeichnung den Unterschied
zwischen Pistole und Revolver auf und merkte an, beides sei bei ihm
zu besichtigen. Ein andermal gab er zu: „Der Stammapostel hat auf
meine Frage geantwortet. Ich muss seine Antwort nur suchen und

wiederfinden. Beim Fischen heißt der Wunsch: Petri Heil." Überhaupt meinte er wiederholt, er sei Verleger und dürfte deshalb auch einmal etwas verlegen.

Friedrich Bischoff befleißigte sich einer klaren verständlichen Sprache im Gottesdienst ebenso wie im Schrifttum. Floskeln und gewagte Wortspiele lehnte er entschieden ab. Davon zeugt eine seiner Randbemerkungen an die Redaktion. „Demut ist kein Mut. Nicht jeder Mut ist Hochmut, Armut gewiss nicht. Diese Sprechdummheiten sind jeder Übersetzung zuwider. Mühselige, die mit Mühe selig werden! Redselige? Weinselige? Armselige, Saumselige Trübselige usw. Ein Hellseher ist nicht das Gegenteil von einem Schwarzseher." Für ihn gab es keinen Apostelgott, keinen Weihegott oder Gästegott, also auch keinen Apostel-, Weihe- oder Gästegottesdienst, sondern einen vom Apostel gehaltenen Gottesdienst sowie Gottesdienste zur Weihe oder für Gäste. Das bläute er seinen Redakteuren ein.

Den Anvertrauten verpflichtet

Als Arbeitgeber und erst recht als Apostel nahm sich Friedrich Bischoff mitfühlend der Anliegen der ihm Anvertrauten an. Ihnen galt allseits seine Zuwendung, Liebe und Fürsorge. Mit seinen Glaubensgeschwistern pflegte er eine herzliche Gemeinschaft, die er nach Kräften förderte. Mit ganzer Hingabe widmete er sich den Jugendlichen und den Betagten. Den Kreuzesträgern fühlte er sich besonders verbunden, konnte er doch aufgrund eigener Leiden mitempfinden, was sie bedrückte, und ihnen durch sein Beispiel Mut und Zuversicht vermitteln. Um die sehbehinderten und bettlägerigen

Geschwister mit neuapostolischem Schriftgut zu versorgen, richtete er in der Mainzer Kirche die von der Jugend betreute Blindenhörbücherei ein. Kurzum: Für die Probleme und Sorgen seiner Mitmenschen bewies er stets ein lebensnahes Verständnis, das er ohne viel Worte in eine großherzige Hilfsbereitschaft einmünden ließ. Er fragte nie lange nach dem Warum, sondern packte zu, wo er es für angebracht hielt.

Der Bezirksapostel war auch ein guter Gastgeber. Sein Ausspruch: „Keiner soll sagen können, er habe bei mir nichts zu essen und trinken bekommen" wurde zum geflügelten Wort.

Bei der Mitarbeiter-tagung ist die Tafel festlich gedeckt

Er liebte auch schnelle Autos, was manchem Bruder, der zum Mitfahren aufgefordert wurde, das Gruseln lehrte. Gleichwohl zeigte er in einem seiner lebensnahen Leitartikel warnend die Folgen eines mit 60 Stundenkilometern gegen eine Mauer prallenden Autos auf.

171

Mit eiserner Disziplin

Viel Schweres hat Friedrich Bischoff durchmachen müssen: Schikanen und Zensur im Dritten Reich, Hunger und Elend im berüchtigten Kriegsgefangenenlager Bretzenheim bei Bad Kreuznach, wo man auch die Rosinen mit einem aus einer Patronenhülse und einem Stück Blechdose gebasteltem Messer teilte.

Dieses selbst angefertigte Messer hatte er als mahnendes Relikt bis zuletzt bewahrt. Jetzt befindet es sich im Dokuzentrum Kriegsgefangenenlager Bretzenheim

Die Zwangsverpachtung des Betriebes nach dem Krieg und schließlich im Frühjahr 1982 die Amputation eines Beines. All diese Zulassungen ertrug er mit Gottergebenheit und Gelassenheit, wenn er zum Beispiel im Krankenhaus den Heilungsprozess eines offenen Zehs mit dem Fotoapparat dokumentierte.

Mit eiserner Disziplin verlangte er sich selbst alles ab. Am 12. Februar 1982 weihte Stammapostel Hans Urwyler das neue Verlags- und Druckereigebäude in der Gutleutstraße, wenige Tage später verlor der Bezirksapostel sein rechtes Bein, am 4.April spendete der Stammapostel in Zweibrücken dem Bezirksapostel Bischoff, der im Rollstuhl saß, und seiner Frau Betty, geborene Auer, im Beisein von zwei Töchter und deren Ehemänner und der fünf Enkel den Segen zur goldenen Hochzeit, im Juni hielt er unter Schmerzen bereits wieder Gottesdienst. Er hatte sich ein Stehstuhl, mit dem er fortan halbsitzend hinter dem Altar dienen konnte.

172

Erkenntnisstand richtungweisend

Mit den Stammaposteln stand er immer in enger brüderlicher Verbindung, folgte ihnen demütig nach. Das belegt eine Begebenheit, als er in großer Betrübnis die der Nähe seines Vorgängers suchte. Am 14. August 1983 diente Stammapostel Urwyler im lothringischen. Merlebach, als kurz vor dem Abendmahl Bezirksapostel Bischoff und Bischof Gerhard Pfennig die Kirche betraten. Der Bezirksapostel hatte jenseits der Grenze in Saarbrücken einen Gottesdienst gehalten und war zum Stammapostel geeilt, um Trost und Segen zu empfangen.

Bischof Pfennig, Bezirksapostel Bischoff mit
Stammapostel Urwyler am Altar in Merlebch (Frankreich)

Des Bezirksapostels Wort galt im Apostelkreis; sein Erkenntnisstand über das Wirken Gottes zu aller Zeit war richtungweisend. Darüber hinaus gab es kein Thema politischer, wirtschaftlicher und kultureller Art, über das er nicht Bescheid wusste. Sein Urteil war klar und treffend, seine Entscheidungen waren umsichtig und bestimmt.

So meinte er zu den damals in Mode gekommenen langen Haaren der Jugendlichen:

„Der liebe Gott sieht das Herz an," und wie überzeugend klang seine Antwort, als im kleinen Kreis über die Empfehlung eines Amtsbruders an Glaubensschwestern diskutiert wurde, nicht Arzthelferin zu werden, weil wegen Überstunden Gottesdienststunden gefährdet seien. Er verwies auf einen Musiker in einem Rundfunkorchester, der oft seine Kollegen mit zum Gottesdienst brachte, und meinte:

„In jedem Beruf lauern für jedes Gotteskind Gefahren, die im Glauben gemeistert werden müssen."

Als eine Frau im Hosenanzug zur Heiligen Versiegelung am Altar stand und die Brüder meinten, sie sei nicht ehrfürchtig genug angezogen, stellte der Bezirksapostel klar:

„Die arme Aussiedlerin hat das beste Kleidungsstück gewählt, das sie besitzt und damit Ehrfurcht vor dem Herrn bewiesen."

Der Bezirksapostel reglementierte nicht, aber warnte vor Missbrauch der persönlichen Freiheit und zeigte klar die Grenzen auf:

„Der Gottesdienst ist keine Modenschau und findet nicht am Strandbad statt."

57 Jahre als Amtsträger gedient

Als Stammapostel Hans Urwyler am 18.November 1984 den Bezirksapostel in Mainz in Ruhe setzte, blickte Friedrich Bischoff

auf 57 Jahre als Amtsträger zurück. Bei seiner Zurruhesetzung wählte der Stammapostel das gleiche Wort, das am 5. August 1951 dem Gottesdienst in Frankfurt/Main zugrunde lag, als Stammapostel Johann Gottfried Bischoff den Bezirksältesten Friedrich Bischoff zusammen mit sechs weiteren Brüdern zum Apostel ordinierte:

„Siehe, ich habe dir geboten, dass du getrost und freudig seiest. Lass dir nicht grauen und entsetze dich nicht; denn der Herr, dein Gott, ist mit dir bei allem, was du tun wirst" (Josua1, 9-11).

Stammapostel Urwyler unterstrich des Bezirksapostels tiefen Glauben und seinen unbedingten Gehorsam, der liebe Gott habe durch ihn großen Segen gewirkt. Er würdigte auch den Bezirksapostel als Leitartikler der Zeitschrift „Unsere Familie" und sagte: „Er ist nicht nur ein Mann Gottes, sondern auch ein Mann, der mit beweglichen Lettern umzugehen weiß. Sie haben sich immer wieder zu Sätzen und Erkenntnis fördernden Artikeln geformt aus Gedanken, die der treue Gott durch den Heiligen Geist in seine Seele legen konnte. "

Bei der Trauerfeier widmete Stammapostelhelfer Richard Fehr dem heimgegangenen Bezirksapostel das Wort aus Sirach 39,12-15: „Und viele verwunderten sich seiner Weisheit, und sie wird nimmermehr untergehen. Sie wird nimmermehr vergessen, und sein Name bleibt für und für. Was er gelehrt hat, wird man weiterhin predigen, und die Gemeinde wird ihn rühmen. Derweil er lebt, hat er einen größeren Namen denn andere tausend, und nach seinem Tode bleibt ihm derselbe Name. " Friedrich Bischoffs Lebenswerk zu würdigen, fehlten

176

ihm die Worte, bekannte der Stammapostelhelfer. Sein Leben dem Herren zu weihen, sei in der Neuapostolischen Kirche weltweit bekannt gewesen, was er geschrieben und gesprochen habe, sei Seelenspeise, die bleibe. Er habe um die Macht des Lebenswortes gewusst, „das aus der Sendung Jesu vom Altar Gottes kraft der Wirksamkeit des Heiligen Geistes offenbar wird." Diese Macht habe er an seiner Seele erlebt und sei selbst in ihr aufgegangen. Was Bezirksapostel Bischoff in Liebe gesät habe, werde zu einer vielfältigen Ernte, einmal für uns hienieden, denn seine Worte Wirken weiter, und dann für ihn selbst drüben.

Er habe drei Namen erworben:
„Treu bis zuletzt", „Nachfolger Christi" und „Vorangänger".

Sein Gotteszeugnis wirkt weiter

Und in der Tat: Auch heute werden in Gottesdiensten Hinweise, Ratschläge und Erläuterungen des heimgegangenen Bezirksapostels ins Gedächtnis gerufen als Vermächtnis eines großen Gottesknechtes. Nach dem Heimgang von Friedrich Bischoff, der sechs Jahrzehnte als fürsorglicher Patriarch Verlag und Druckerei geführt und zu einem bedeutenden Wirtschaftsbetrieb Frankfurts aufgebaut hatte, ging das Unternehmen gemäß testamentarischer Verfügung in das Eigentum der Neuapostolischen Kirche über Redaktion und Verlag wirken noch immer im Geiste ihres großen Vorbildes, wenn auch unter anderen Bedingungen.

Bezirksapostel Bernd Koberstein würdigte Leben und Werk des Bezirksapostels während eines Gottesdienstes am Mittwoch, 1. April 2009, zum 100. Geburtstag von Friedrich Bischoff in Neustadt/ Wein-Straße

Dabei bemerkte er, man müsse dem himmlischen Vater danken, dass er durch seinen Knecht so nachhaltig gewirkt habe. Nichts von seinem Dienen habe an Gültigkeit verloren, so auch nicht seine Feststellung bei der Weihe der Neustädter Kirche 1955, die Gnadengaben, die Gott über unsere *Vorfahren ausgegossen habe, seien die Grundlagen unseres Glaubens. Bezirksapostel Bischoff habe stets das Ganze im Auge gehabt, aber auch auf Details geachtet, ohne sich in Kleinigkeiten zu verlieren.*

Die Ruhesetzung von Bezirksapostel Friedrich Bischoff am 18. November 1984 durch Stammapostel Hans Urwyler

Bei der Ruhesetzung des Bezirksapostels sagte der Stammapostel unter anderem:

„Mein lieber Bezirksapostel, und ich darf aus der Tiefe meine Seele sagen, mein lieber Freund Fritz! Du wirst es verstehen, wenn ich jetzt nicht viele Worte machen kann. Wenn ich in ein oder zwei Sätzen zurückblenden darf in das Jahr 1928, als Stammapostel Niehaus dir den Auftrag gab, die damals hauseigene Druckereider Neuapostolischen Kirche zu leiten, da war das ein Markstein in deinem Leben. Ganz kurz danach haben es die Verhältnisse im graphischen Gewerbe so gewollt, dass die Neuapostolische Kirche diese Druckerei, Regiebetrieb wie man damals sagte, aufgegeben hat und was lag näher, als den lieben Fritz zu bitten, das zu übernehmen.

Er hat es übernommen mit kleinsten, bescheidensten Anfängen, und was daraus geworden ist, darüber, mein lieber Bezirksapostel, brauchen wir auch nicht große Worte machen. Es hat dem Werke

Gottes gedient. Nicht nur hier in Europa, sondern mit der Zeit, als es sich soweit entwickelte, hat es ausgestrahlt über den ganzen Erdball und hat dort auch reiche Früchte getragen. Der liebe Gott, unser himmlischer Vater, konnte das durch dich, seinen Knecht, tun.

Er konnte es deshalb tun, weil du mit allen Stammaposteln immer in engster Verbindung gestanden bist und heute noch stehst, was ich hiermit allen bezeugen darf. Es gab nie etwas, das diese Verbindung gestört hätte und damit, mein lieber Bezirksapostel, setze ich dich in deinem kirchlichen Amt in den Ruhestand. Für das andere habe ich ja keine Macht empfangen, das musst du selber dann bestimmen"

Friedrich Bischoff ist
am 9. Dezember 1987 entschlafen

Bezirksapostel Friedrich Bischoff

31.März 1909

9. Dezember 1987

Auszug aus dem Trauergottesdienst

anlässlich des Heimgangs von Friedrich Bischoff am 18.12.1987
gehalten von Stammapostelhelfer Richard Fehr in Frankfurt am Main

Nun möchte ich gern mit einigen Worten das Lebenswerk unseres lieben Bezirksapostels Friedrich Bischoff würdigen.
Sein Leben dem Herrn zu weihen, war sein Beruf.

Fritz Bischoff war in der Neuapostolischen Kirche weltweit bekannt; nicht nur in den letzten zehn Jahren, sondern seit vielen Jahrzehnten. Was er geschrieben und gesprochen hat, war nicht für Tageszeitungen bestimmt, die nach zwei Tagen überholt sind, nein, es war Seelenspeise, die bleibt.

Solch ein Werk zu würdigen, dazu reicht die Zeit nicht. Aber ich möchte etwas zitieren, was er kürzlich noch geschrieben hat. Fühlte seine Seele schon, was sie erwartet, dass er über den Leitartikel der Zeitschrift „Unsere Familie" vom 5. Dezember den Titel setzte:

„Letzte Seiten"

Jener Artikel beginnt: „Nur noch ein paar Seiten für die wenigen Dezembertage, dann ist es voll." Er erwähnt darin zwar ein Gespräch von zwei Frauen, aber trifft dieses Wort nicht für ihn haargenau zu? Und er kommt dann zu der Schlussfolgerung seines Leitartikels, von denen er nicht nur Dutzende, sondern Hunderte geschrieben hat, und sagt: „Die Gnadenhandlungen im Hause des Herrn lassen uns zu einem neuen Geschöpf werden, dessen Lebenserfüllung nicht im

Erreichen irdischer Ziele liegt, sondern das auf der letzten Seite seines Lebensbuches, nicht mehr des Tagebuches, den Eintrag erhält: „Ei, du frommer und getreuer Knecht, gehe ein zu deines Herrn Freude."

Gestattet mir jetzt noch ein persönliches Wort an den lieben Fritz Bischoff:

Ich, der ich ein Berufskollege bin, grüße dich als einen Jünger Gutenbergs noch einmal mit dem alten schönen Buchdruckergruß: „Gott grüß die Kunst". Warum sage ich das? Unser lieber Fritz Bischoff wusste um die Macht des gedruckten Wortes. Keine Erfindung hat das Weltbild und unsere Erde so verändert, wie die Erfindung des Buchdruckes. Die Macht des gedruckten Wortes, mit dem man die Meinung ganzer Völker beeinflussen und Ideen fortpflanzen kann, war unserem Fritz bewusst.

Fritz Bischoff wusste aber auch um die Macht des Lebenswortes, das aus der Sendung Jesu, vom Altar Gottes, Kraft der Wirksamkeit des Heiligen Geistes offenbar wird.

Diese Macht erlebte er an seiner Seele und ging selbst in ihr auf. Die Macht des Lebenswortes verändert nicht unbedingt diese Welt, aber sie schafft eine neue Welt.

Was gibt es nun noch zu sagen? Im Buch Sirach finden wir dazu sehr schöne Worte: „Und viele verwunderten sich seiner Weisheit, und sie wird nimmermehr untergehen." Die Weisheit von Apostel Bischoff war verankert in Wort und Schrift. Viele verwunderten sich darüber. Man könnte sich aber auch einmal die Frage stellen: Woher kam denn diese Weisheit? Ich nenne euch die Quelle: Gottesfurcht! Auch sein Name bleibt. Bei irdischen Geschlechtern kann der Name einmal aussterben, wenn die Nachkommen fehlen. Sein Name stirbt nicht aus, weil er ihn erworben hat. Lasst mich drei solcher von Apostel Bischoff erworbenen Namen nennen, die ihm bleiben:

1. „Treu bis zuletzt"

Treu zu sein bis zum letzten Augenblick, das ist eine der schwersten Prüfungen, die es im Leben zu bestehen gibt. Doch der Lohn der Treue ist die Krone des ewigen Lebens.

2. Er war ein Nachfolger Christi

Es hat ihm nie Mühe bereitet, der von Gott gegebenen Führung nachzufolgen mit aufrichtigem Herzen und kindlichem Gemüt.

Neben hoher Intelligenz besaß er auch die Weisheit der Seele. Seine geistigen Fähigkeiten waren ihm nie ein Hindernis nachzufolgen. Seine Weisheit und sein großes Wissen auf vielen Gebieten des irdischen Lebens fassen sich zusammen zu dem Schluss: Ich will nachfolgen bis zuletzt, alles andere lohnt sich nicht. Weil er ein so guter Nachfolger und kein Nachläufer war, konnte ihm der liebe Gott bereits hier einen Namen geben, der ebenfalls bleibt und mehr wert ist denn tausend andere.

3. Vorangänger, dem man vertrauensvoll nachfolgen konnte

Diese drei Namen bleiben in Ewigkeit und an ihnen soll sich unser lieber Freund freuen.

Aus dieser Freude würde er uns, wenn ihm die Möglichkeit dazu gegeben wäre, zurufen:

„Haltet meine letzten Worte, bis wir uns wiedersehen!

Bleibt treu,

erwerbt euch Namen,

die bleiben,

und vergesst nimmermehr:

„Die Gotteskindschaft ist das Größte

und treu bleiben bis zuletzt

ist das Wichtigste"

185

Unter neuer Führung

Am 01.Februar 1990 übernahm -von einer Großbank kommend-
Dr. Hagen Wend (ab September 1990 Apostel) als Geschäftsführer
beide Firmen, den Verlag und die Druckerei Friedrich Bischoff, nun
im Besitz der Neuapostolischen Kirche.

Bezirksapostel
Hagen Wend

Auf Wunsch und Anraten der Unternehmensberatung wurde im Hause
Bischoff einiges grundsätzlich verändert. Zunächst wurde von allen
leitenden Mitarbeitern, vom Chef, bis zum Abteilungsleiter mit
langjähriger spezieller Erfahrung, ein Leistungstest verlangt. Dann
wurde ein Organigramm crstellt und danach die einzelnen
Tätigkeitsfelder bestimmt. So fand sich der eine oder andere in einer

anderen Abteilung wieder, in der er sich umsehen und einarbeiten musste. Auch wurden neu geschaffene Stellen durch Spezialisten besetzt. Bis dahin fehlten die jetzt üblichen Geschäfteführungs-strukturen wie Controlling, Bereichs- Gruppen- und Abteilungsleiter die regelmäßig ihre Erfolge oder Misserfolgsmeldungen vorweisen müssen. Von nun an hat die Teamarbeit vor der Eigenverantwortung Vorrang.

In einem Interview mit der Jugend sagte
Bezirksapostel (ab 1995) Dr. Hagen Wend:
„Nach dem Studium und Berufsleben trat ich 1990 in den Dienst der Kirche ein und wurde zunächst Geschäftsführer des Friedrich Bischoff Verlages und der Druckerei in Frankfurt am Main.
Meine vordringliche Aufgabe war damals gewesen, den ehemaligen Familienbetrieb, der sich in Privatbesitz des Bezirksapostel Bischoff befand, in ein Kirchen eigenes Unternehmen zu Überführen.

Am 27. August 1992 dem fünfundsechzigsten Geburtstag ging der Autor dieser Firmengeschichte in den Ruhestand.

Bis zur Einstellung der beliebten Betriebsführungen, hat er die Geschwister noch ehrenamtliche, durch die Räume von Verlag und Druckerei Bischoff geführt.

Diese Aufzeichnungen sind als geschichtliches Dokument gedacht um Interessierte einen Einblick in die erlebte Firmengeschichte zu geben.

Fritz Idler derzeit über neunzig Jahre alt ist, zieht *das Resümee:*

Alle die Friedrich Bischoff bis zu seinem Tode kritisch gegenüberstanden wurden eines Besseren belehrt.

Wenn am Anfang vielleicht der Eindruck bestand, dass ihm die Hausdruckerei der Neuapostolischen Gemeinde günstig zugefallen sei, so hat er mit diesen Pfunden millionenfach gewuchert und ein bestelltes Haus übergeben.

Seine gesamtes Firmen und Privatvermögen sind, bis auf einen Pflichtteil für seine Familie, der „Neuapostolischen Kirche" zugeführt worden.

Für uns Mittarbeiter war er immer ein verständnisvoller Chef, mit einem offenen Ohr für alle.

Alle Vorhaben die zum Wohle der Geschwister dienten,
fanden seine volle Unterstützung.

Für die Probleme und Anliegen von Bedürftigen oder Behinderten
war er besonders empfänglich.

Er war für alle da!

Herzlichen Dank das wir dir dabei helfen durften

Aus einem Fotoalbum

Weitere Bücher von Fritz Idler

Mein Leben
84 Jahre meines Lebens und kein Tag vergebens

Mit dem Ruf "Wir haben ein Junges bekommen" begann sein Leben
Er wurde in eine Zeit der unstabilen Lage Geboren
Die Jahre der Weltwirtschaftskrise und der Machtübernahme Hitlers kamen
Er ist als Bub in der Kuhwaldsiedlung in Frankfurt aufgewachsen
Die Zwiespältigkeit und seiner Umwelt. Lehrten ihn, die Umgebung skeptisch zu Ergründen und danach zu handeln
Das Schicksal führte ihn über romanhafte Wege vom Faulenzer Pimpf,
über den „HF-Sondereinsatz" in Hitlers Führerbau
Im Krieg wurde er Verwundet

Bestellung:
In jeder Buchhandlung oder
einfach bei amazon Fritz Idler
eingeben

Weitere Bücher von Fritz Idler

Glaube und Wissenschaft in Koexistenz
Vom Urknall bis zum Ende der Erde

Fritz Idler geb. 27.08.1927 in Frankfurt
hat sich seit seiner Kindheit mit dem Thema
Glaube und Wissenschaft auseinandergesetzt.

Die Erschaffung der Erde in sieben Tagen und das Entstehen von Kohle,
Öl und beispielsweise Diamanten in sieben Tagen,
führten zu steten Konflikten.
Die Wissenschaft hat mir hierauf eine Antwort gegeben.

Bestellung:
In jeder Buchhandlung
oder
einfach bei Amazon
Fritz Idler eingeben

Bild und Literaturhinweis

Magisterarbeit von Thorsten Rebohl

Mille Braach „Rückblende" Fischer Verlag

Kalender „Unsere Familie" von 1935 und 1936,

Zeitschrift „Unsere Familie" von 1935, 1982, 2000 und 2009

Bildarchiv: Verlag Friedrich Bischoff, Bilder von F. Idler

Gedächtnisprotokolle und Aufzeichnungen von:

Ernst Bischoff

Fritz Idler

Jörg Idler

Otto Schulz

Wolfgang Weiler

Dr, Hagen Wend

Hellmut Wernher